Alexandra Bergedick | Dirk Rohr | Anja Wegener

Bilden mit Bildern
Visualisieren in der Weiterbildung

Perspektive Praxis

Eine Buchreihe des Deutschen Instituts für Erwachsenenbildung – Leibniz-Zentrum für Lebenslanges Lernen

Die grüne Reihe des DIE stellt Fachkräften in der Erwachsenenbildung bewährtes Handlungswissen, aktuelle Themen und in anderen Bereichen erprobte, didaktische Methoden vor. Die Bände sind aus der Perspektive des Handlungsfelds konzipiert, vermitteln verwendungsbezogenes Wissen und setzen Handlungsstandards, die sich am Stand der Forschung orientieren. Sie sollen somit zur Kompetenz- und Qualitätsentwicklung in Erwachsenenbildung beitragen.

Wissenschaftliche Betreuung der Reihe am DIE: Dr. Thomas Jung

Bisher in der Reihe Perspektive Praxis erschienene Titel (Auswahl):

Wolf-Peter Szepansky
Souverän Seminare leiten
2., akt. und überarbeitete Auflage ,
Bielefeld 2010, ISBN 978-3-7639-1798-3

Horst Siebert
Methoden für die Bildungsarbeit
4., akt. und überarbeitete Auflage,
Bielefeld 2010, ISBN 978-3-7639-1993-2

Stefanie Jütten, Ewelina Mania, Anne Strauch
Kompetenzerfassung in der Weiterbildung
Bielefeld 2009, ISBN 978-3-7639-1974-1

Angela Venth, Jürgen Budde
Genderkompetenz für lebenslanges Lernen
Bielefeld 2009, ISBN 978-3-7639-1978-9

Jörg Knoll
Lern- und Bildungsberatung
Bielefeld 2009, ISBN 978-3-7639-1956-7

Beate Braun, Janine Hengst,
Ingmar Petersohn
Existenzgründung in der Weiterbildung
Bielefeld 2008, ISBN 978-3-7639-1959-8

Klaus Pehl
Strategische Nutzung statistischer Weiterbildungsdaten
Bielefeld 2007, ISBN 978-3-7639-1925-3

Matilde Grünhage-Monetti (Hg.)
Interkulturelle Kompetenz in der Zuwanderungsgesellschaft
mit CD-ROM
Bielefeld 2006, ISBN 978-3-7639-1920-8

Heidemarie Kullmann, Eva Seidel
Lernen und Gedächtnis im Erwachsenenalter
2., akt. und überarbeitete Auflage,
Bielefeld 2005, ISBN 978-3-7639-1915-4

Perspektive Praxis

Alexandra Bergedick | Dirk Rohr | Anja Wegener

Bilden mit Bildern

Visualisieren in der Weiterbildung

wbv DIE

Herausgebende Institution
Deutsches Institut für Erwachsenenbildung – Leibniz-Zentrum für Lebenslanges Lernen

Das Deutsche Institut für Erwachsenenbildung (DIE) ist eine Einrichtung der Leibniz-Gemeinschaft und wird von Bund und Ländern gemeinsam gefördert. Das DIE vermittelt zwischen Wissenschaft und Praxis der Erwachsenenbildung und unterstützt sie durch Serviceleistungen.

Lektorat: Christiane Barth/Thomas Jung

Wie gefällt Ihnen diese Veröffentlichung? Wenn Sie möchten, können Sie dem DIE unter **www.die-bonn.de** ein **Feedback** zukommen lassen. Geben Sie einfach den **Webkey 43/0038** ein. Von Ihrer Einschätzung profitieren künftige Interessent/inn/en.

Bibliografische Information der Deutschen Nationalbibliothek
Die Deutsche Nationalbibliothek verzeichnet diese Publikation in der Deutschen Nationalbibliografie; detaillierte bibliografische Daten sind im Internet über http://dnb.d-nb.de abrufbar.

Verlag:
W. Bertelsmann Verlag GmbH & Co. KG
Postfach 10 06 33
33506 Bielefeld
Telefon: (0521) 9 11 01-11
Telefax: (0521) 9 11 01-19
E-Mail: service@wbv.de
Internet: wbv.de

Bestell-Nr.: 43/0038

Umschlaggestaltung und Satz: Christiane Zay, Bielefeld
Herstellung: W. Bertelsmann Verlag, Bielefeld
ISBN 978-3-7639-4865-9 (Print)
ISBN 978-3-7639-4866-6 (E-Book)

Inhalt

Vorbemerkungen

Visualisierungen spielen in Bildungsangeboten der Weiterbildung eine zentrale Rolle. Flipcharts, Power-Point-Folien, Moderationskarten, Pin-Wände und Whiteboards sind zu allgegenwärtig eingesetzten Medien geworden, die dazu dienen, abstrakte Daten, Informationen und Zusammenhänge in eine visuell erfassbare Form zu bringen. Kommunikative, d.h. rein auditive Anteile in der Lehr-Lern-Situation werden so unterstrichen, können reduziert oder durch Veranschaulichungen gar ersetzt werden.
Doch unterstützen diese die Teilnehmenden in ihrem Lernprozess? Sind Visualisierungen unter didaktischen Gesichtspunkten sinnvoll? Bildet Visualisierung gar den Königsweg im Lehr-Lern-Prozess ab? Das Autorentrio geht diesen Fragen sehr genau nach, denn es gehört zum Kennzeichen professioneller Lehrkompetenz, auch didaktisch adäquat visualisieren zu können! Die Bedeutung und Funktion, die das Visualisieren im Kontext des Lehrens und Lernens hat, und die Erstellung professioneller Visualisierungen werden in diesem Praxisband aufbereitet. Dabei ist es sinnvoll, nicht nur „einfach“ eine Rezepte-Sammlung zu präsentieren, sondern mit Theorien und empirischen Befunden sorgfältig umzugehen. Schematismen und Typologien, die zwar im Sinne einer Komplexitätsreduzierung hilfreich sein können, sind kritisch zu hinterfragen und auch wiederum ganz im Sinne der Zielstellung des Bandes zu prüfen, ob sie tatsächlich Lernprozessen gegenüber förderlich sind.
Das Deutsche Institut für Erwachsenenbildung – Leibniz-Zentrum für Lebenslanges Lernen stellt mit diesem Buch den „Klassikern“ für Kursleitende, wie *Souverän Seminare leiten, Methoden für die Bildungsarbeit* und *Kursleitung an Volkshochschulen,* einen ganz neuen Band an die Seite, der auf einen weiteren und zugleich zentralen Zugang zum Methoden- und Handlungswissen fokussiert. Damit bietet die Reihe „Perspektive Praxis“ erneut einen Baustein für die Unterstützung der Professionalisierung der im Feld der erwachsenenpädagogischen Lehre Tätigen und die Weiterentwicklung ihres Qualitätsbewusstseins an.

Die Checklisten, die in konkreten Lehr-Lern-Situationen ihre Anwendung finden können, stehen – so ist es zum Standard für diese Reihe geworden – wiederum als Download für die individuelle Anwendung durch die Nutzer im Internet zur Verfügung (→ www.die-bonn.de/4865-9/bonus).

Monika Kil
Deutsches Institut für Erwachsenenbildung –
Leibniz-Zentrum für Lebenslanges Lernen

1. Einleitung

Was wir sehen, ist nicht, was wir sehen, sondern was wir sind.
Fernando Pessoa | Das Buch der Unruhe

1.1 Visualisierung als Form der Kommunikation

Die lernförderliche Visualisierung von Lernzielen, -inhalten und -ergebnissen stellt aus unserer Sicht ein Kennzeichen professioneller Lehrkompetenz dar. Welche konkrete Bedeutung und Funktion das Visualisieren im Kontext des Lehrens und Lernens hat und inwiefern professionelle Visualisierung eine wichtige Rolle in Bezug auf den Lernerfolg spielt, das soll im Folgenden herausgestellt werden.

Wir verfolgen den Ansatz, das Lehren vom Lernen aus zu denken und uns dabei in die Perspektiven der Lernenden hineinzuversetzen. Entsprechend liegt unser Fokus vor allem auf dem Lernprozess, welcher innerhalb vielfältiger Lehr-Lern-Settings stattfindet, wenn wir nahelegen, Visualisierung als Form von Kommunikation lernförderlich einzusetzen.

Visualisierung wird hier also wie der Lernprozess selbst als eine Form der Kommunikation verstanden, welche zwischen allen am Lernprozess beteiligten Personen stattfindet: zwischen Lehrenden und Lernenden, zwischen Lernenden untereinander, zwischen den Lernenden als Gruppe mit dem oder den Lehrenden und zwischen Lehrenden untereinander im Team Teaching.

DEFINITION

Visualisieren bezeichnet die Tätigkeit, einen bislang im Zeichensystem der Wortsprache ausgedrückten Inhalt entweder durch bildsprachliche Zeichen zu ergänzen, oder aber ihn ganz in die Bildsprache zu übersetzen (Stary 1997, S. 12).

Wie die Schriftsprache besteht auch die Bildsprache aus einzelnen Elementen. Ihr „Satzbau“ besteht jedoch nicht aus Subjekt, Prädikat und Objekt, sondern beinhaltet Linien, Formen, Flächen, Farben.

1.2 Kommunikation und Konstruktivismus

Verstehen wir Visualisieren als Form von Kommunikation, so schließt sich die Frage an: Was müssen wir in unserer Kommunikation innerhalb von Lehr-Lern-Settings berücksichtigen? In einer konstruktivistisch geprägten Sichtweise gehen wir davon aus, dass jeder Mensch eine eigene Wahrnehmung der Welt hat und somit seine eigene „Wirklichkeit" besitzt. Unsere sinnlichen Wahrnehmungen werden von uns in der Weise verarbeitet, wie wir sie vor dem Hintergrund unserer bisherigen Erfahrungen deuten. In diese Interpretation fließen zudem unsere derzeitige emotionale Befindlichkeit sowie unsere soziale Wahrnehmung ein, welche sich auf die „Wirklichkeit" der Personen in unserem Umfeld bezieht (Reich 2002, S. 21).

Folglich können wir nicht von *einer* Wirklichkeit ausgehen, die alle Menschen miteinander teilen, sondern müssen von verschiedenen, individuellen Wirklichkeit*en* ausgehen, die vom je Einzelnen konstruiert werden. Auch das Wissen, welches jeder Mensch im Laufe des eigenen Lebens erwirbt, ist auf diese Weise konstruiert und kann nicht als objektiver Gegenstand betrachtet werden.

Der Lernprozess als solcher ist aus dieser Perspektive keine Reproduktion von allgemeingültigen, überindividuell existierenden Fakten. Vielmehr geht es um die Konstruktion einer individuellen Perspektive auf bestimmte Sachverhalte, Fragestellungen etc., welche im weiteren Verlauf des Lehr-Lern-Prozesses mit der anderer Lernender und Lehrender abgeglichen und weiterentwickelt werden wird. Auf diese Weise kann darauf hingearbeitet werden, das individuelle Wissen mit anderen zu teilen und eine gemeinsame Verständigungsebene zu schaffen.

Uns einer solchen Verständigungsebene anzunähern, können wir erreichen, indem wir gemeinsam den Gegenstand der Kommunikation visualisieren und reflektieren. Vor allem unter Zuhilfenahme von konstruktiven, prozesshaften Methoden (→Kap. 4) kann jede am Lernprozess beteiligte Person die eigene Realität, das eigene Vorwissen und die eigenen Wahrnehmungen in die gemeinsam zu erstellende Visualisierung einbringen, so dass über die Verständigung mit den anderen Lernenden eine gemeinsame Ausgangslage für den weiteren Lernprozess geschaffen wird. Der vorliegende Praxisband will erläutern, wie es gelingen kann, eine Visualisierung gemeinsam zu entwickeln. Anhand von Beispielen, Übungen und Methoden wird aufgezeigt, was die Lehrperson in der Konzeption, Planung und Umsetzung eines Lehr-Lern-Settings diesbezüglich zu beachten hat.

Wenn wir uns in diesem Band auf die Visualisierung konzentrieren, so bedeutet dies, dass wir mit der von uns vorgeschlagenen Didaktik/Methodik zur Veranschaulichung von Lehr-Lern-Inhalten beitragen wollen, das heißt letztlich zur Verständigung darüber verhelfen wollen, wie Lehr-Lern-Ziele anschaulicher gemacht werden können. Denn in dem Moment, da wir als Lehrende mit dem Ansprechen mehrerer Sinne unseren Lerngegenstand anschaulich und letztlich (be)greifbarer machen, können wir damit das Lernen fördern. Erhöhen wir auf diese Weise die Chance für den Lernenden, die Lernziele leichter zu erreichen, so können wir wiederum dessen Motivation beim Lernen steigern und Frustration verringern helfen.

1.3 Zum Aufbau des Buches

Das Buch richtet sich an diejenigen, die in der Erwachsenenbildung/Weiterbildung tätig sind. Wie sich dieser Personenkreis bezeichnet, ist so unterschiedlich wie die Bezeichnung der Weiterbildungsformate, die von Lehrenden angeboten werden.

Mit den Weiterbildungsformaten verbinden sich auch mehr oder weniger bewusste Einstellungen zum Lehren und Lernen, das heißt dem eigenen Rollenverständnis als Lernendem. Wir als Lehrende verstehen uns nicht als die alles wissende, alles könnende, alles bestimmende Instanz in Lehr-Lern-Prozessen. Vielmehr sehen wir uns in Interaktion mit denjenigen, die an unseren Weiterbildungen teilnehmen. Wir beziehen uns bei unserer Veranstaltungskonzeption, -planung und -durchführung immer auf die anvisierte Zielgruppe und berücksichtigen deren Vorerfahrungen, Vorkenntnisse und vorhandene Kompetenzen. Unsere Aufgabe ist es, Struktur zu geben, Wissen einzuflechten, Übungen anzuleiten, zu moderieren, zu unterstützen – und dabei lernen und entwickeln wir uns selbst weiter. Für das Spektrum dieser Tätigkeiten können mehrere in Abbildung 1 genannte Bezeichnungen geltend gemacht werden. Wir haben uns im Namen der Lesbarkeit für den Begriff „Lehrende“ und „Lernende“ entschieden und bezwecken gleichwohl keine Hierarchisierung. Um alle denkbaren Formate von Weiterbildung zu berücksichtigen, werden wir von „Lehr-Lern-Settings“, „Lehr-Lern-Einheiten“ und „Lehr-Lern-Prozessen“ sprechen.

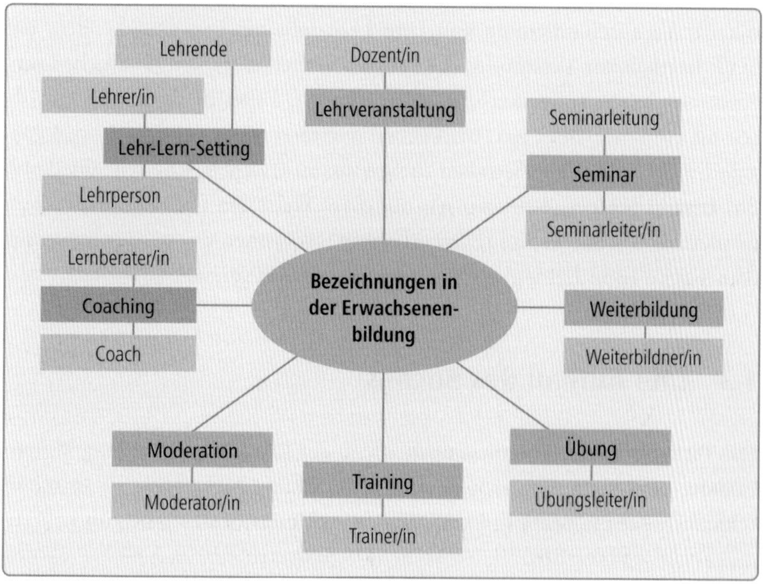

Abbildung 1: Bezeichnungen in der Erwachsenenbildung

Um zu beleuchten, was zu bedenken und zu planen ist, wenn wir Visualisierung so gewinnbringend wie möglich einsetzen wollen, werden wir im Folgenden auf verschiedenen Ebenen und Wegen vorangehen. Im ersten Kapitel werden wir näher darauf eingehen, entlang welchen Lehr-Lern-Ansatzes die *eigene* und die mit dem Lernenden *gemeinsam* vollzogene Visualisierung besonders lernförderlich sein können. Wir werden uns anschließend im zweiten Kapitel damit befassen, nach welchen theoretischen Überlegungen Visualisierung als motivations- und lernförderlich gilt, und wenden uns im dritten Kapitel didaktischen Prinzipien sowie dem damit verbundenen Rollenverständnis von Lehrenden und Lernenden zu. Anhand dessen soll die grundlegende Konzeption veranschaulicht werden, auf dem die weiteren praktischen Methoden und Empfehlungen basieren. Im vierten Kapitel konzentrieren wir uns zunächst darauf, wie Visualisierung gestaltet werden kann, damit sie lernförderlich wirken kann. Hierzu systematisieren und beschreiben wir konkrete Gestaltungsmerkmale und Kompositionsregeln. Um diese gelungen umzusetzen, benötigen wir Medien, mit denen wir unseren Lerngegenstand darstellen und veranschaulichen können. Bei der Auswahl dieser Medien müssen wir uns einerseits gegebenen Rahmenbedingungen anpassen und können andererseits mit beeinflussen und entscheiden, was sich für die jeweilige Situation besonders eignet. Um bei der Medienauswahl zu unterstützen, führen wir deshalb im Anschluss Kriterien an, die für unsere Planung des Medieneinsatzes entscheidend sind. Und schließlich entwickeln und beschreiben wir kreative Darstellungsformen und Methoden, die von Lehrenden wie Lernenden zur Visualisierung von Lehr-Lern-Inhalten und -zielen genutzt werden können. Wir präsentieren dabei eine Bandbreite von kreativen Darstellungsformen und Methoden, die wir in unseren Lehr-Lern-Settings erfolgreich genutzt haben. Wir erheben dabei keinen Anspruch auf Vollständigkeit. Die aufgeführten Darstellungsformen und Methoden können ebenfalls in der einen oder anderen Form in E-Learning- und Blended-Learning-Szenarien eingesetzt werden.

Wir gehen in unseren Darstellungen und Empfehlungen nicht von homogenen Gruppen aus und legen unseren Leserinnen und Lesern ans Herz, ihre Lehr-Lern-Settings immer vorab zu reflektieren und entsprechend zu gestalten. Auch die Ziele und Inhalte von Lehr-Lern-Settings sind vielfältig und variabel, ebenso wie die genutzten Methoden, deren Variationen und Kombinationen. Aus diesem Grund gehen wir immer von Vielfalt aus, beziehen diese in die Konzeption ein und reagieren hierauf in der Praxis.

In unserem Buch konzentrieren wir uns auf das Sehen in Verbindung mit anderen Formen der Erlebbarkeit bzw. Erfahrbarkeit von Lerngegenständen. Wir gehen bei den Lehrenden und Lernenden von einem durchschnittlichen Grad an Sehvermögen aus. Schließlich möchten wir darauf aufmerksam machen und betonen, dass die Wahrnehmung, Bewertung und Verarbeitung von Bildern, Symbolen und anderen Darstellungsformen sehr unterschiedlich sein kann: Es können unterschiedliche Assoziationen, Zuschreibungen und Interpretationen stattfinden, je nachdem, ob von einer Frau oder einem Mann getroffen, abhängig von der Situation und dem Setting, von kulturellen Prägungen usw. Dies möchten wir an dieser Stelle nicht näher ausführen, verweisen aber darauf, Formen der Veranschaulichung daraufhin zu reflektieren, kritisch zu prüfen und davon auszugehen, dass höchst subjektive Wertungen in den Lehr-Lern-Prozess hineinspielen und diesen beeinflussen können – und dies sind die Wertungen der Lehrenden ebenso wie die der Lernenden. Wertschätzend mit dieser Perspektiven-Vielfalt umzugehen, verstehen wir als zentrale Aufgabe in unserer Profession.

Lektüreempfehlungen

Reich, K. (2002): Systemisch-konstruktivistische Pädagogik. Neuwied

Reich, K. (2004): Konstruktivistische Didaktik. München/Unterschleißheim

Straka, G.A./Macke, G. (2006): Lern-Lehr-Theoretische Didaktik. Münster

2. Visuelles Lernen und lernförderliche Visualisierung

Ein Bild sagt nicht immer mehr als tausend Worte,
aber es kann häufig bessere Dienste leisten als viele Wörter.
Norbert Franck und Joachim Stary | Gekonnt Visualisieren

Verstehen wir, wodurch das Lernen beeinflusst wird, dann verstehen wir, wie wir Visualisierungen in Lehr-Lern-Settings optimal einsetzen können. Aus diesem Grund beschäftigen wir uns an dieser Stelle zunächst mit den Grundlagen des Lernens im Allgemeinen und des visuellen Lernens im Besonderen. Wir gehen den Fragen nach, ob es Lernstile und Lerntypen gibt und wie sinnvoll eine Kategorisierung von Lerntypen sein kann. Anschließend widmen wir uns den Argumenten, nach denen visuelles Lernen als besonders nachhaltig gilt. Auf dieser Grundlage reflektieren wir Faktoren und Rahmenbedingungen für lernförderliche Visualisierungen.

2.1 Was verstehen wir unter Lernen?

Den etymologischen Ursprung hat das Wort „Lernen“ in dem gotischen Wort *lais,* das für „ich weiß“ steht; das wiederum geht auf das indogermanische Wort *lis* für „gehen“ zurück. Diese Herkunft deutet bereits darauf hin, dass Lernen „ein Prozess ist, bei dem man einen Weg zurücklegt und dabei zu Wissen gelangt“ (Mielke 2001, S. 11). In diesem Sinne wollen auch wir Lernen als einen Prozess verstehen. Im alltäglichen Gebrauch des Wortes wird Lernen damit verbunden, dass Inhalte gelernt werden. Es geht aber nicht nur darum, sich Kenntnisse und Wissen im Lernprozess anzueignen; auch Fertigkeiten und Verhaltensweisen gelten als erlernbar.

DEFINITION

Lernen ist ein Prozess, der zu relativ stabilen Veränderungen im Verhalten oder im Verhaltenspotenzial führt und auf Erfahrung aufbaut (Zimbardo 1992, S. 27).

Der Erwerb von Fertigkeiten lässt sich folgendermaßen beschreiben: „Offenbar lernen wir einige Fertigkeiten blind und automatisch, während wir um das Verständnis mancher Situationen hart ringen müssen, um sie dann schließlich meistern zu können“ (Hilgard/Bower 1973, S. 22). All dies macht deutlich, wie facettenreich das Spektrum von Lehr-Lern-Settings sein kann.

Verstehen wir Lernen als einen lebenslangen Prozess, welcher von vielfältigen, miteinander verwobenen und sich gegenseitig beeinflussenden Bedingungen, Faktoren und Prozessen abhängig ist, so wird gleichsam die Komplexität dieser wechselseitigen Abhängigkeiten deutlich, die nur schwerlich in einem Schema darstellbar ist. Wir gehen davon aus, dass es kaum möglich ist, valide Aussagen über einen einzelnen Menschen machen zu können, aus denen zu schließen wäre, er oder sie könne immer auf *eine* bestimmte Weise gut lernen. In der Literatur wird darauf verwiesen, dass die verschiedenen Sinneskanäle eine wichtige Rolle im Lernprozess spielen (u.a. Looß 2001). Über unsere Sinne werden Informationen zunächst wahrgenommen. Daraufhin werden diese wahrgenommenen Informationen vom Individuum interpretiert. Dies bedeutet jedoch nicht,

> dass eine Information vom Sinnesorgan (...) quasi direkt ins Langzeitgedächtnis überführt wird. Tatsächlich jedoch erfordert (...) das, was man im pädagogischen Sinne unter Wissenserwerb versteht – eine aktive, intellektuelle Auseinandersetzung mit dem Gegenstand (Becker 2009, S. 76).

Es geht beim Lernen also in diesem Modell um eine intellektuelle, zudem situativ gebundene Verarbeitung, unabhängig davon, über welche Sinneskanäle wir Informationen aufnehmen.

2.2 Gibt es Lernstile und Lerntypen?

Renommierte Lernforscher an US-amerikanischen Universitäten haben 71 unterschiedliche Lernstile identifiziert und analysiert. Ihr Fazit lautet: Obgleich Menschen beim Lernen verschiedene individuelle Methoden bevorzugen (d.h. einen Lernstil entwickeln), lasse es sich nicht belegen, dass Menschen lerntypenspezifisch lernen, es fänden sich hierzu kaum verwertbare wissenschaftliche Belege. Vielmehr widersprächen die als aussagekräftig geltenden Studien der Auffassung, dass es differenzierbare Lerntypen gäbe (vgl. Saum-Aldehoff 2010). Eine jüngere Studie des Learning and Skills Research Centre London hat die Anzahl von identifizierbaren Lernstilen mittlerweile auf 13 Modelle reduziert (Coffield u.a. 2004).

Dagegen finden sich in populären Ratgebern zu erfolgreichem Lernen, Präsentieren und Visualisieren wie auch im pädagogischen Diskurs und einschlägiger Literatur immer wieder Aussagen zu verschiedenen identifizierbaren Lerntypen. Diese Aussagen sind verknüpft mit Hinweisen zum einen dazu, wie herauszufinden ist, welchem Lerntyp jemand entspricht, und zum anderen dazu, wie optimales Lehren und Lernen für den jeweiligen Lerntypen vonstattengehen solle.

Nach Werner F.J. Stangl (2005) findet sich in der einschlägigen Literatur eine Vielzahl von Lernstilen und Lerntypen, die man Lernenden zusprechen kann. Allerdings fänden sich neben der immer größer werdenden Menge an Unterscheidungen offensichtlich auch Unstimmigkeiten. Stangl verweist darauf, dass die mit dem Begriff „Lerntyp“ einhergehenden Lerntypentheorien eine wissenschaftliche Fundierung suggerieren und in Didaktiken, Fachzeitschriften, in der Ratgeberliteratur wie in Schulbüchern zunehmend als „Lernen mit allen Sinnen“, als ein „ganzheitliches“ und „handlungsorientiertes Lernen“ aufgegriffen werden. Jedoch werden diese Begriffe mehr oder weniger unkritisch tradiert und häufig pauschalisierend in Abgrenzung zum traditionellen kognitiven Lernen genutzt.

In seiner Auswahl aus den in der Literatur aufgeführten *Lerntypen* fokussiert Stangl (ebd.) auf die folgenden Typen:

- den visuellen Typ,
- den auditiven oder akustischen Typ,
- den diskutierenden Typ,
- den haptischen und motorischen Typ,
- den psychomotorischen Typ,
- den olfaktorischen oder gustatorischen Typ,
- den Einsicht anstrebenden Typ,
- den kontakt- oder personenorientierten Typ,
- den abstrakt-verbal denkenden Typ,
- den medienorientierten Typ.

Bei solchen und anderen Typisierungen muss eingeräumt werden, dass es in der Praxis immer Mischtypen gibt, welche in der Lage sind, sich mehr oder minder flexibel den vorherrschenden Gegebenheiten anzupassen. Jedoch weisen wir auch hier auf die unscharfe Befundlage von Theorien zu Lerntypen hin.

Die Typologie basiert in der Fachliteratur unter anderem auf den Faktoren *Erinnerbarkeit* des Lerngegenstandes und *Übermittlungsart*. So werden Argumente für multimediales Lernen immer wieder in Verbindung mit den folgenden Prozentangaben (➔Tab. 1) versehen (wenngleich Angaben dieser Art je nach Autor/in variieren).

Übermittlungsart	Erinnerbarkeit
Hören	ca. 20%
Sehen	ca. 30%
Hören + Sehen	ca. 50%
Hören + Sehen + Reden	ca. 70%
Hören + Sehen + Reden + Tun	ca. 90%

Tabelle 1: Übermittlungsart und Erinnerbarkeit (Quelle: Stangl 2005)

Als wissenschaftlich fundierte Theorie nennt Stangl eine Theorie von Kolb (1984), der sich wiederum auf das Kognitionsmodell von Piaget beruft, wonach sich vier *Lernstile* unterscheiden lassen:

- Divergierer,
- Assimilierer,
- Konvergierer und
- Akkomodierer.

Darüber hinaus gilt das Modell von Felder/Soloman (o.J.) als empirisch gut abgesichert, nach der in folgende vier *Lerntypen* unterschieden wird:

- aktive Lerner,
- sensorische Lerner,
- visuelle Lerner und
- sequenzielle Lerner.

Stangl bewertet die verschiedenen Modelle im positiven Sinne; dem wollen wir uns anschließen:

> Diese gut empirisch abgesicherten Theorien zeichnen sich durchweg durch ihren hohen Abstraktionsgrad aus, der sie im Hinblick auf eine praktische Umsetzung wenig nützlich erscheinen lässt. Da Lernstoffe mehr oder minder die gesamte hier geschilderte Bandbreite an Aktivitäten erfordern, kann daraus für die Unterrichts- und Lernpraxis am ehesten wohl nur eine Empfehlung nach wechselnden Angeboten bei Darbietung, Übung und der Einprägung im Sinne eines Ausgleichs abgeleitet werden (Stangl 2005).

So wird bei aller Kritik am Konzept der Lerntypen und Lernstile immer wieder das Fazit gezogen, dass die beim Lehren und Lernen eingesetzten Aktivitäten, Methoden und Medien abwechslungsreich sein sollten, dass sie verschiedene Sinne einbeziehen sollten und eine bewusste Abstimmung zwischen Lehrenden und Lernenden dazu erfolgen sollte, für welches Lernziel welche die Sinne ansprechenden Lernwege geeignet sind. Wie dies in der Praxis realisiert werden kann, besprechen wir in Kapitel 4.

2.3 Ist visuelles Lernen besonders nachhaltig?

Ein wesentliches Argument für den lernförderlichen Nutzen von Visualisierungen ist, dass das Gedächtnis Informationen überwiegend in Bildern speichert (Sperling 1960). Entsprechend wird die Fähigkeit, Informationen aufzunehmen, zu verarbeiten und zu speichern, erheblich dadurch gesteigert, einen in der Vorstellungswelt der Schriftsprache existierenden Lerngegenstand zu *visualisieren*, das heißt durch bildsprachliche Elemente zu ergänzen oder ganz in die Bildsprache zu übertragen (Stary 1997). Amann u.a. (2007) verweisen darauf, dass Bilder, die für die Lernenden als (optisch) ansprechend wahrgenommen werden, das Interesse und die Motivation am eingeführten Lerngegenstand steigern.

Zudem werden von Amann u.a. (ebd.) folgende Vorteile von Visualisierungen für die Lehr-Lern-Situation genannt:

- bessere Verständlichkeit von Argumenten,
- leichteres Hervorheben von Kernaussagen,

- höherer Behaltensgrad von Kernaussagen im Gedächtnis,
- Verkürzung der Redezeit ohne Informationsverlust,
- mehr Kurzweiligkeit des Präsentierten,
- „Aufladung“ des Gedächtnisses mit Überlegungen aus der Vorbereitungsphase durch die vorbereiteten Bilder,
- sichereres Auftreten beim Präsentieren durch die Vorbereitung (ebd., S. 62ff.).

In der Fachliteratur wird die Bedeutung der beiden Gehirnhälften für das visuelle Denken und damit auch für die Visualisierung im Lehr-Lern-Prozess hervorgehoben. Die linke und rechte Gehirnhälfte übernehmen je spezifische Aufgaben. Das menschliche Gehirn besteht aus zwei Hälften. In der linken Gehirnhälfte findet vor allem das logische Denken statt, während in der rechten Gehirnhälfte vor allem die kreativen Prozesse stattfinden. Ein ganzheitliches Lernen setzt die Beteiligung beider Gehirnhälften voraus.

Um den Lernprozess möglichst förderlich zu gestalten, sollten also *beide* Gehirnhälften angesprochen werden, damit Informationen, Erkenntnisse und Einsichten vernetzt werden und in Erfahrung und Verhalten münden (ebd., S. 64f.). Dies geschieht im Falle von Visualisierung beispielsweise durch die Verbindung von rational-analytischen Inhalten (z.B. Zahlen) mit bildhaften Formen (z.B. Diagrammen).

Die bisher angenommenen Zusammenhänge zwischen Sinneswahrnehmung und Gedächtnis sind laut Stangl (2005) bei weitem komplexer als dass Eins-zu-eins-Zuordnungen zwischen Modalität und Sinneszentrum angenommen werden können. So sollte nicht außer Acht gelassen werden, dass sowohl die Konkretheit des zu Lernenden als auch dessen Dekontextualiserung, das heißt die Übertragung in einen anderen Zusammenhang, beim Lernen von Bedeutung sind.

Nach unserem Verständnis bedeutet dies: Nicht allein durch Sehen lernen wir, sondern durch das Verstehen von dem, was wir sehen. Nicht allein das Erkennen der visuellen Welt hilft uns beim Lernen, sondern wir müssen uns auch darüber bewusst sein, was wir erkennen und wie wir es erkennen, um etwas darüber zu lernen. Nicht nur das, was wir in der konkreten Situation in Bezug auf einen Sachverhalt lernen, macht den umfassenden

Lernerfolg aus, sondern die Leistung, vom Konkreten auf das Allgemeine schließen zu können und vom Allgemeinen auf das Konkrete.

Darüber hinaus sollen didaktische Ansätze, welche einen verständnisorientierten Wissenserwerb fördern, berücksichtigen, dass sich das Lernen als aktiver, motivierter, konstruktiver, im Wesentlichen durch das lernende Subjekt selbst gesteuerter Prozess vollzieht. Somit kommt den sozialen und motivationalen Faktoren in der Interaktion mit dem Lerngegenstand eine große Bedeutung zu. Die Beziehungen zwischen Lehrenden und Lernenden und das Lernklima sind neben der Auswahl an Medien, welche die verschiedenen Sinne ansprechen, wesentliche Voraussetzungen für einen gelungenen Lernprozess. Zu einem förderlichen Lernklima und einem gelungenen Lernprozess kann außerdem beitragen, die genutzten Medien und Methoden zielgerichtet und sinnvoll aufeinander abzustimmen. Da die visuelle Wahrnehmung bei vielen Menschen dominiert, ist es für sie von Vorteil, das Gehörte und Gelesene auch visualisiert (das heißt durch bildsprachliche Elemente ergänzt oder in die Bildsprache übertragen) aufnehmen zu können. Wir als Lehrende sind angesprochen, dies in den Zielen und Inhalten unserer Lehr-Lern-Settings in angemessener Weise zu gewährleisten.

Visualisierung hilft uns dabei, unsere individuell unterschiedlichen inneren Bilder nach außen hin darzustellen, miteinander zu vergleichen und uns auf bestimmte Bilder zu einigen, mit denen wir uns verständigen und mit denen wir im Lernprozess arbeiten wollen. Dies ist z.B. aus folgendem Grund wichtig: Reden wir von einer Sache und stellen sie uns dabei unterschiedlich vor, kann es zu Irritationen, Ablenkung und Unmut kommen, was den Lernprozess aller Beteiligten beeinträchtigen kann.

2.4 Was sind lernförderliche Faktoren und Rahmenbedingungen für Visualisierungen?

Die Kontextbedingungen des Lernens spielen eine wesentliche Rolle für den Lernerfolg. Was wir als Lehrende tun können, um optimale Bedingungen für das Lernen zu schaffen, *bevor* es an die Visualisierung geht, soll nun in einer Checkliste zusammengefasst werden:

CHECKLISTE 1

Lernförderliche Faktoren und Rahmenbedingungen

- die Veranstaltung bezüglich Didaktik und Methodik ziel- und teilnehmerorientiert konzipieren
- verschiedene Fachkulturen bei der Planung berücksichtigen
- den Zielen, Inhalten und Zielgruppen entsprechende, abwechslungsreiche Medien, Methoden und Visualisierungen nutzen
- Raumgestaltung einbeziehen: Größe, Ausstattung (Tische, Stühle, Medien, Materialien), Anzahl, Anordnung, Gestaltung, Klima (Fenster, Klimaanlage, Heizung), Helligkeit
- gegenüber den Lernenden Transparenz bezüglich der Lernziele und ihrer Erreichbarkeit schaffen
- Struktur der Veranstaltung und Aufgabenstellungen klar formulieren
- Vereinbarungen über das gemeinsame Lernen (z.B. Feedbackregeln) treffen
- Verantwortung der Gruppe und der Einzelnen für ihren Lernprozess verdeutlichen
- Flexibel auf Störungen, Wünsche, Vorschläge der Gruppe reagieren
- ggf. Bewegungs- und Entspannungsangebote anbieten

Gewährleisten wir die Umsetzung dieser Elemente in unserer Veranstaltungskonzeption, -planung und -durchführung, so schaffen wir optimale Bedingungen dafür, dass die Lernenden den Lernprozess voll ausschöpfen können. Wir bieten gleichzeitig einen lernförderlichen Rahmen, in welchem sich die Lernenden berücksichtigt und respektiert fühlen können.

Im folgenden Kapitel soll beleuchtet werden, welche didaktischen Prinzipien den Rahmen dafür bieten, von der Idee zum Bild zu kommen und in welcher Rolle die Lehrenden und die Lernenden im Prozess des Visualisierens zum Tragen kommen.

Lektüreempfehlungen

Heßler, M./Mersch, D. (2009): Bildlogik oder Was heißt visuelles Denken? In: Dies. (Hg.): Logik des Bildlichen. Zur Kritik der ikonischen Vernunft. Bielefeld, S. 8–49

Nistor, N./Schäfer, M. (2005): Lernen mit Stil: Empirische Befunde und offene Fragestellungen zur Bedeutung der Lernstile in virtuellen Seminaren. URL: www.didacticageografiei.ro/ro/conferinta_2005/4.doc (Stand: 29.03.2007)

Schulmeister, R. (2004): Diversität von Studierenden und die Konsequenzen für eLearning. In: Carstensen, D./Barrios, B. (Hg.): Campus 2004. Kommen die digitalen Medien in die Jahre? Münster/New York, S. 133–144

3. Von der Idee zum Bild

2.1 Orientierung am Lernenden

Verdeutlichen wir uns zu Beginn dieses Kapitels noch einmal Folgendes: Sprache – mündliche Sprache, Schriftsprache, Bildsprache als auch diverse Zeichensysteme, die Bedeutungen (über)tragen und kommunikative Handlungen auslösen – ist immer eine Reduktion von Komplexität, ist immer ein mehr oder weniger erfolgreicher Versuch, sich auf das Wesentliche zu fokussieren. Sprache ist einseitig. Oder wie Gregory Bateson (1979) zu sagen wusste: „Die Sprache betont gewöhnlich nur eine Seite jeder Wechselwirkung" (S. 86). Das heißt, wenn wir als Lehrende in einer Lehr-Lern-Situation etwas erklären oder erläutern, betonen wir eine Seite; wir nehmen eine Reduktion von Wirklichkeit vor. Wenn wir uns aber einem Lerngegenstand intensiv widmen, ihn analysieren, abwägen, ihn in möglichst vielen Facetten, Vor- und Nachteilen reflektieren, erkennen bzw. sehen wir immer mehr. Bildhaft gesprochen: Wir bekommen ein *Bild* von der Sache. Es ergibt sich ein *Gesamtbild*. Eine Sache wird rund. Oder wie schon der Volksmund weiß: Jede Medaille hat zwei Seiten. Und tatsächlich hat sie sogar noch eine dritte! Wenn wir in diesem Bild bleiben wollen, dann zumindest noch den Rand. Eine Medaille ist schließlich dreidimensional.

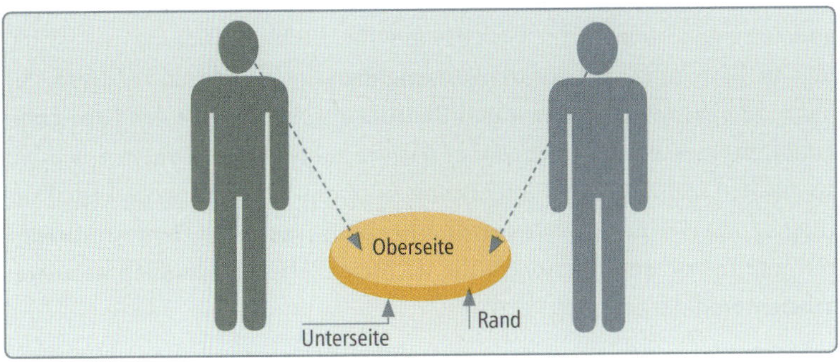

Abbildung 2: Die drei Seiten einer Medaille

Aus der folgenden Abbildung wird deutlich, dass wir in der Regel die eine oder andere Seite eines Lerngegenstandes – oder eben der Medaille – nicht beachten, oder wie man es auch ausdrücken bzw. sprachlich „visualisieren" könnte: unter den Tisch fallen lassen (→ Abb. 3). Wichtig ist hier, dass wir dies innerhalb von Lehr-Lern-Situationen bewusst und mit argumentativen und didaktischen Zielvorstellungen tun. Wir müssen eine didaktische Reduktion vornehmen – und die Visualisierung kann uns hierbei helfen.

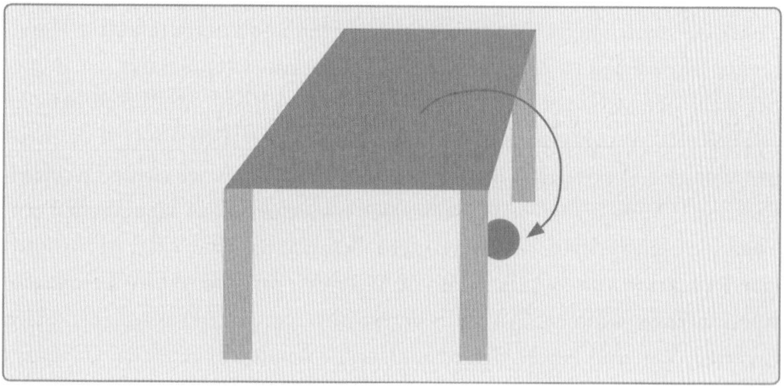

Abbildung 3: Etwas unter den Tisch fallen lassen.

Über die Philosophie sagte Michel Foucault, sie sei eine Bewegung, mit deren Hilfe man sich, nicht ohne Anstrengung und Zögern, nicht ohne Träume und Illusionen, von dem frei macht, was für wahr gilt, und nach anderen Spielregeln sucht. Gleiches gilt für die Visualisierung: Sie ist immer in Bewegung. Sie bedarf Anstrengungen, Zweifeln und Zögern. Sie kann durchaus von Träumen und Illusionen (d.h. einer idealen Lern-Lehr-Situation) ausgehen. Immer geht es darum, subjektive Wahrheiten sichtbar zu machen und darüber in Interaktion zu treten. Eine gelungene Visualisierung ist wie eine neue Spielregel. So ist es die permanente Herausforderung für gute Lehr-Lern-Situationen, die wichtigen Aussagen bildlich herauszuarbeiten und darzustellen.

BEISPIEL

Das Höhlengleichnis als Bild: Platon beschreibt einige Menschen, die in einer unterirdischen Höhle von Kindheit an so festgebunden sind, so dass sie weder ihre Köpfe noch ihre Körper bewegen und deshalb immer nur auf die ihnen gegenüber liegende Höhlenwand blicken können. Licht haben sie von einem Feuer, das hinter ihnen brennt. Zwischen dem Feuer und ihren Rücken befindet sich eine Mauer. Hinter dieser Mauer werden Bilder und Gegenstände vorbeigetragen, die die Mauer überragen und Schatten an die Wand werfen. Die Gefangenen können nur diese Schatten der Gegenstände wahrnehmen. Wenn die Träger der Gegenstände sprechen, hallt es von der Wand so zurück, als ob die Schatten selber sprächen. Da sich die Welt der Gefangenen ausschließlich um diese Schatten dreht, deuten und benennen sie diese, als handelte es sich bei ihnen um die wahre Welt. Platon fragt sich, was geschieht, wenn sie befreit würden. Wenn sich die Gefangenen nun bewegen und sich umdrehen würden, so würden die Figuren ihnen vermutlich weniger real erscheinen als die Schatten.

Viele didaktische Fachbücher sprechen von einer Orientierung am Teilnehmenden oder Lernenden als einem wichtigen Prinzip. Doch ist es nicht letztlich so, dass die Lehrenden mit ihrer Art zu lehren bestimmen, ob eben diese am Lernenden orientiert ist? Wenn sie einen Vortrag halten, bestimmen sie, ob Visualisierungen eingesetzt und ob teilnehmerorientierte Methoden verwendet werden. Die Verantwortung liegt also beim Lehrenden.

Dieses Kapitel handelt also auf der einen Seite von der Leitungsorientierung. Das heißt, es geht darum, zu verstehen, was wir als Lehrende zu beachten haben, wie die Idee bzw. der (abstrakte) Inhalt zum (sinnlich wahrnehmbaren) Bild kommt? Auf der anderen Seite geht es um die Teilnehmerorientierung. Dies ist mehr eine Grundhaltung der Lehrenden: Es geht darum, dass eine Visualisierung immer auch aktivierend für die Teilnehmenden sein sollte, d.h. zum Denken, ja, zum gemeinsamen Denken und zum kommunikativen Austausch, anregen soll.

Es geht aber auch darum zu verstehen, wie das Bild zur Idee, zu einem kognitiven Inhalt wird. In der Chronologie der Denkschritte sieht dies wie folgt aus: Der Lehrende hat eine Idee → er oder sie entwirft ein Bild → dieses Bild wiederum wird zu einer Idee der Lernenden.

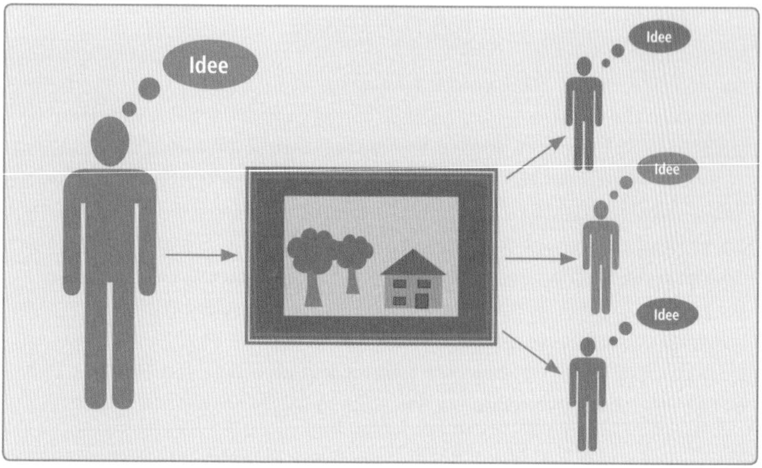

Abbildung 4: Vom Bild zur Idee

Wir werden Visualisierung in diesem Kapitel – nach unserer eher philosophischen Vorbetrachtung – nun vorwiegend aus einer psychologischen Perspektive darlegen. Folgende Fragestellungen sollen uns hierbei leiten: Wie entstehen Bilder im Kopf? Was können sie bedeuten? Wie kommen wir an sie heran? Welche Grundhaltung für die Vermittlung von Bildern ist wichtig?

Um auf Menschen einwirken zu können, müssen wir, nach Tom Andersen, „angemessen ungewöhnlich" (inter)agieren. Das heißt, wir müssen unserer Sicht auf den Gegenstand oder auf die Welt als Ganzes etwas Neues hinzufügen. Dieses „Neue" darf jedoch nicht zu sehr abweichen vom Selbst- und Weltbild der Beteiligten – es muss eben „angemessen ungewöhnlich" sein. Das heißt, wir müssen zu einer Gratwanderung aufbrechen zwischen einer zu großen Provokation, Irritation oder Konfrontation und einer langweiligen Affirmation oder Bestätigung von dem, was man schon immer von sich und der Welt wusste (Andersen 1996). Lassen wir uns also auf das Paradoxon des „angemessen Ungewöhnlichen" ein. So gelingt auch unsere Visualisierung.

3.2 Phantasien und Assoziationen

Einerseits wird behauptet: „Wer in Begriffen und nicht in Bildern denkt, verfährt der Sprache gegenüber mit derselben Grausamkeit wie jener, der nur Gesellschaftskategorien und nicht die Menschen sieht" (Hertlein 2003a, S. 40). Dem lässt sich entgegenhalten: Jeder denkt auch in Bildern. Also erneut: Wenn wir uns aber einer Sache intensiv widmen, erkennen bzw. sehen wir immer mehr: Denn wir sehen auch *Bilder*.

Bilder entstehen in unserem Kopf, d.h. wir speichern in unserem Gedächtnis Erfahrungen in Form von primären Sinneseindrücken – und darunter auch Ab-Bilder der Wirklichkeit, wie wir sie wahrgenommen haben. Es kann dabei unerheblich sein, ob wir z.B. einen realen Gegenstand sehen oder aber nur ein Bild desselben.

BEISPIEL

Nehmen wir einen Apfel: In unserem Kopf speichern wir das „Bild" des Apfels und ordnen ihm über unser Erfahrungswissen Konnotationen und Assoziationen zu. Ein Koch wird an die Möglichkeiten denken, aus einem Apfel einen Nachtisch zuzubereiten; ein Bäcker einen Apfelkuchen; ein Ernährungswissenschaftler wird etwas anderes in dem Apfel sehen als ein Gärtner; ein Allergiker etwas anderes als ein Literaturwissenschaftler (der womöglich an Wilhelm Tell denkt); ein Informatiker wiederum wird bei einem echten Apfel etwas anderes assoziieren als bei der grafischen Darstellung eines Apfels, bei dem ein Bissen fehlt (Hertlein 2003a).

Und dennoch: Immer haben wir Assoziationen, wenn wir Gegenstände – genauso wie wenn wir Bilder von selbigen Gegenständen – wahrnehmen. Diese Assoziationen sind uns oft erst einmal nicht bewusst. Ebendies gilt es zu ändern. Dabei bleibt aber klar: Wir haben alle unterschiedliche Bilder im Gedächtnis abgespeichert: Wir sind Individuen mit unterschiedlicher Sozialisation und Erfahrung. Wenn ich nun als Lehrender einer Gruppe meine Bilder und Assoziationen vorstelle und sie auch zur Diskussion stelle, dann – und nur dann – findet lebendiges Lernen statt (Cohn 1997).

Und nun stellt sich die Frage: Wie werden wir uns unserer Bilder bewusst? Und verblüffend einfach ist die Antwort: Befragen wir unser *inneres*

Auge. Lassen wir die Worte, die Zahlen, die Bedeutung, die Gesten, die Menschen etc. auf uns wirken. Schätzen wir unsere Intuition, unsere Assoziation wert, indem wir sie akzeptieren, sie vorerst nicht bewerten oder interpretieren und

- uns in einem ersten Schritt die Erlaubnis geben, innere Bilder erscheinen zu lassen, sie zu sehen,
- sie in einem zweiten Schritt beschreiben,
- in einem weiteren Schritt das *Bild* als solches festhalten, d.h. eine Skizze machen, das Bild in Worten beschreiben (hier liegt natürlich ein gewisses Paradoxon vor), Gegenstände suchen, Personen etc. und
- uns mit unserem Thema weiter befassen und immer wieder innehalten und die inneren Bilder erscheinen lassen bzw. aufrufen.

BEISPIEL

In einer Veranstaltung berichtet eine Teilnehmerin von ihrem Team und ihrem Chef. Nun habe ich als Lehrender zwei Möglichkeiten: Ich lasse die inneren Bilder der Teilnehmerin visualisieren oder aber meine eigenen. Ich wähle Zweiteres: Ich habe einen korpulenten, älteren Chef vor Augen (sie hatte nichts über sein Alter und sein Aussehen berichtet), der sich am Tisch breit macht; einen schmalen, in sich versunkenen, jungen Kollegen, der schüchtern auf den Tisch schaut; eine Kollegin, die aus dem Fenster schaut sowie eine weitere Kollegin, die innerlich völlig aufgewühlt scheint etc. Ich konfrontiere die Teilnehmerin mit meinen inneren Bildern. Durch Zustimmung oder Ablehnung entsteht ein klares Bild der Situation, über das wir uns im Folgenden austauschen können.

Nutzen wir die Gelegenheit, anhand dieses Beispiels auf die Grundhaltung des Lehrenden einzugehen. Denn hier wird deutlich, dass wir uns als Lehrende nicht per se im Recht sehen oder unsere Interpretation als allgemeingültig voraussetzen dürfen. Das heißt, auch die Ablehnung und die daraus abzuleitende Diskussion um die unterschiedlichen Bilder sind ein wertvoller Schritt im Sinne der Partizipation und des Empowerments, vielleicht sogar wertvoller als eine vorschnelle Zustimmung der Lernenden.

Bevor wir auf die Prinzipien der humanistischen Psychologie eingehen, wollen wir in Bezug auf Phantasien, Intuitionen und Assoziationen einen Exkurs zu den Wegbereitern dieser Theorie machen. Wie schon erwähnt, haben wir immer alle Bilder in unserem Gedächtnis abgespeichert, diese sind uns aber nicht zwangsläufig bewusst. Wollen wir in der Erwachsenenbildung die Vorteile der Visualisierung nutzen, so müssen wir uns diese bewusst machen. Fragen wir also die „Meister des Unbewussten“: Schon Sigmund Freud und Carl Gustav Jung entschlüsselten die rätselhafte Bildersprache der Phantasien; auch hier geht es um unsere *inneren Bilder*. In den Anfängen der praktischen Psychologie, also der Psychoanalyse ging es letztlich immer um *Symbole*. Echte Symbole sind immer mehrdimensional – und damit auch immer mehrdeutig. Das macht ihren Reichtum, ihre Sinntiefe und ihre Lebensfülle aus, und zwar ganz gleich, ob es sich um Gegenstände handelt, etwa Gestein, Wasser, Pflanzen, Metalle oder um Lebewesen, Tiere und Menschen. Grundsätzlich kann alles den Charakter eines Bildes, einer Metapher, eines Symbols haben, also eines Bedeutungsträgers. Letztlich verkörpert dieser Bedeutungsgegenstand nicht etwas Konkretes, etwas Bestimmtes, das wir mit selbst beobachteten Gegenständen, Personen, Orten etc. identifizieren können. Was Bilder – oder vielleicht besser: Bedeutungsgegenstände – wirklich für jeden einzelnen Menschen bedeuten, worauf sie hindeuten und was sie im konkreten Fall der Lehr-Lern-Situation veranschaulichen, das kann – und letztlich muss – jeder Einzelne durch achtsames Hinschauen, Hinhören, Hineinspüren herausfinden. Und eben hierdurch wird deutlich: Die eigene Erfahrung mit eben diesem Bedeutungsgegenstand ist zentral: die Gefühlsstimmung, die wir mit ihm assoziieren genauso wie die Gefühlsstimmung, die wir im Moment der Wahrnehmung eines Symbols haben. Alles ist letztlich symbolträchtig und geht in der Bedeutung für jeden Einzelnen über das Gesprochene hinaus. Alle Bilder sind symbolische Bilder. So die psychologische Theorie.

An dieser Stelle macht der Versuch einer Unterscheidung Sinn: Allgemein gebräuchliche Zeichen oder *Piktogramme* haben diesbezüglich eine ganz andere Klarheit: mit all ihren Vor- und Nachteilen. Um in ein Gespräch, d.h. in eine offene Auseinandersetzung über Bedeutungszusammenhänge zu kommen, sind assoziative Bilder, also jene „angemessen ungewöhnlichen“ Metaphern oder auch nur Assoziationen hilfreicher. Bei Piktogrammen und Diagrammen geht es um eindeutige und unmissverständliche Veranschaulichungen und Signale, die kulturell definierte wie auch unbewusste Reaktionen hervorrufen, wie dies z.B. Verkehrsschilder oder Gesten des Schiedsrichters im Sport tun (→Kap. 4.1.4).

Gesten sind spannende und zumeist unbewusste Visualisierungen, die es an anderer Stelle noch einmal intensiver zu betrachten gilt. Sie bieten, als nonverbale Zeichen, ein weiteres und reichhaltiges Spektrum für unterschiedliche Interpretationen (→http://nibis.ni.schule.de/~iakm/Materialen/wahrlich.pdf). In den Metalogen von Gregory Bateson fragt seine imaginäre Tochter: „Warum fuchteln die Franzosen?“ Gesten zeugen demnach von einer kulturellen Sozialisation, sie zeugen aber auch von einer inneren Bewegtheit, von einem Engagement, ggf. sogar von einer Dramaturgie, einer Spannung. Es ist außerordentlich interessant zu reflektieren, wie wir gestisch visualisieren, denn die Hände und die Gesichtszüge bleiben nicht bewegungslos, wenn wir sprechen. Achten Sie bei Gelegenheit einmal bewusst bei anderen auf Mimik und Gestik. Sie sind zumeist unbewusste Visualisierungen von Gefühlen (z.B. das Zusammenziehen der Augenbrauen bei Ärger, Stirnrunzeln oder ein Blick nach oben bei intensivem Nachdenken). Das heißt, sie sind Ausdruck innerer Vorgänge oder Bewegtheit. Sich seiner eigenen Mimik und Gestik bewusst zu werden, ohne sie verändern zu wollen, erscheint dagegen nur schwer möglich. Dies würde bedeuten: Der Beobachter wollte das zu Beobachtende beeinflussen. Aber mit einer Portion Distanz, Humor und Selbstironie kann man sich durchaus seiner Mimik und Gestik bewusst werden. Es ist ein bisschen wie die Geschichte vom Tausendfüßler, der gefragt wird, wie er es schaffe zu gehen, und er zum ersten Mal darüber nachzudenken beginnt – und plötzlich nicht mehr gehen kann.

Was in einer Lehr-Lern-Situation besser funktioniert, lässt sich per se nicht sagen: das eindeutige Piktogramm oder das mehrdeutige Bild? Entscheiden wir uns also je nach dem Lernziel und der Methode in dem einen Fall für das eine und in dem anderen für das andere. Wollen wir eine indiskutable Prämisse, eine Tatsache, eine moralische Grundhaltung vermitteln, so wählen wir möglichst eindeutige Bilder – und zwar ohne schlechtes Gewissen. Das Vermitteln von guten, nachhaltigen, moralischen Ideen ist legitim. Auf der anderen Seite ist es aber ebenso wichtig, mit den Lernenden in eine Diskussion zu kommen, einen Diskurs zu führen und am Ende Stellung zu beziehen.

BEISPIEL

Wählen wir in einer Lehr-Lern-Situation das Bild, d.h. den mehrdeutigen Bedeutungsträger des Feuers: Eine Teilnehmerin sieht im Feuer die zerstörerische und unbändige Kraft, denn sie war während der Waldbrände in Australien auf ihrem Hof eingeschlossen und hat mit Glück überlebt. Ein anderer Teilnehmer assoziiert gemütliche Familienabende vor dem Kamin. Wiederum ein anderer ist schon immer leidenschaftlicher Pfadfinder und Gitarrenspieler am Lagerfeuer gewesen und verbindet hiermit Natur, Sinnlichkeit, Romantik. Ein weiterer assoziiert dies auch mit Lagerfeuer, jedoch mit neidvollem Blick auf die, die mit ihrem Gitarrenspiel die Aufmerksamkeit auf sich ziehen.

Um die Vielschichtigkeit der Bedeutungsträger noch ein wenig zu analysieren, kommen wir noch einmal zurück auf die Perspektive der Psychoanalytiker. Diese sahen zwei Arten von Symbolen, also inneren Bildern: Es gibt Symbole, die Ambivalenz sozusagen in sich tragen und sehr vielschichtig sind, und es gibt Symbole, denen eindeutige Signalqualitäten innewohnen.

BEISPIEL

Wie bereits dargelegt ist das Feuer ein mehrdeutiges Symbol: Es kann für Konkreta wie Kohle, Licht, Essen, Wärme, Hitze, aber auch für den Scheiterhaufen und Zerstörung stehen. Darüber hinaus kann Feuer auch für abstrakte Konzepte wie Romantik, Freundschaft oder Liebe stehen. Pflanzen können als Symbole für Wachstum, Leben und Gedeihen stehen, aber auch für Trauer. Tiere können – man denke an Fabeln – menschliche Emotionen, Empfindungen und Gefühle symbolisieren. Farben und Gebrauchsgegenstände (z.B. Werkzeuge wie Hammer, Schere) haben je eigene Signalqualitäten (Wehr 1995).

Auf einer Skala der Eindeutigkeit und Mehrperspektivität (→ Tab. 2) gibt es verschiedene bildhafte Bedeutungsträger:

- Piktogramme und Diagramme,
- Bedeutungsträger mit eher ähnlichen Assoziationen,
- Bedeutungsträger/Symbole mit sehr vielfältigen Assoziationen.

Eindeutigkeit	⟷	**Mehrdeutigkeit**
Piktogramme und Diagramme	*Bedeutungsträger mit ähnlichen Assoziationen*	*Symbole mit vielfältigen Assoziationen*

Tabelle 2: Ein- und Mehrdeutigkeit von Symbolen

Kommen wir noch einmal auf die psychoanalytische Perspektive oder *Brille* zurück: Wenn wir unsere inneren Bilder, Phantasien und Träume schöpferisch darstellen, also visualisieren, zeichnen, malen, pantomimisch darstellen, in Bewegung bringen, kneten oder bauen oder in bildliche Worte fassen, dann erfolgt ein Übersetzen in eine andere Vorstellungswelt – und damit eine erneute, eine erfahrungsorientierte Auseinandersetzung, eine Bewusstmachung.

3.3 Grundhaltungen

Im Folgenden wollen wir auf die Prinzipien der humanistischen Psychologie eingehen, die für uns die Grundhaltung des Lehrenden theoretisch begründet. Dabei werden wir uns auf Rogers (2000), Perls (1976) und Cohn (1997) beziehen.

Diese Grundregeln kennen wir auch als „Feedback-Regeln“: Haben Sie den Mut, offen und ehrlich zu sein. Offen und ehrlich zu sein, meint die Bereitschaft zu offenem und ehrlichem Feedback untereinander. Zentral sind hierbei folgende Prinzipien

- Empathie,
- Wertschätzung und
- Kongruenz.

Empathie

Empathie verstehen wir in Anlehnung an Carl Rogers (2000) als einen Zustand der Einfühlung oder des Sich-Einfühlens, den inneren Bezugsrahmen des Anderen genau unter Einschluss der zugehörigen gefühlsmäßigen Komponenten und Bedeutungen wahrzunehmen. Dies tut man so, als ob man selbst der Andere wäre, ohne aber jemals den Als-ob-Zustand zu verlassen. Als innerer Bezugsrahmen dienen dabei auch unsere inneren Bilder.

Wenn man Rogers folgen will, so geht es bei der Visualisierung um *Empathie*. Denn als Lehrende stellen wir in einer mutigen Form der Selbstoffenbarung, also offen und ehrlich, unsere inneren Bilder vor. Die Lernenden mögen sich nun empathisch zu uns in Beziehung setzen und unsere inneren Bilder mit den eigenen Bildern abgleichen. Dies sehen wir als die zentrale Schnittstelle der Leitungs- und Teilnehmerorientierung.

Wertschätzung

Die *Wertschätzung* bezieht sich auf die Lernenden und auch auf uns selbst: In der Transaktionsanalyse wurde dies prägnant reduziert auf „Ich bin ok. – Du bist ok." Durchforsten wir unsere Vorbereitung, Durchführung und Reflexion von Lehr-Lern-Settings nach Abwertungen und verhalten wir uns einmal mehr „angemessen ungewöhnlich".

Im Sinne Fritz Perls (1976), dem Begründer der Gestalttherapie und -beratung, möchten wir Lehrende ermuntern, auf zwei Aspekte zu achten. Erstens sollten sie darauf achten, dass sich die in der jeweiligen Lehr-Lern-Situation besprochenen Inhalte in der jeweiligen Visualisierung wiederfinden. Zum anderen war es Perls von zentraler Bedeutung, hellwach und „präsent" zu sein und eine „wirkliche Beziehung" einzugehen (vgl. „Ich-Du-Beziehung" nach Buber 1984).

Wenn wir nach Perls in unseren Lehr-Lern-Situationen „präsent" sein wollen, dann bedeutet das, dass wir uns auf die Lernenden konzentrieren und uneingeschränkte Neugier und Interesse an ihnen zeigen. Es bedeutet auch, „interne Awareness" (auch „Self-Awareness") und „externe Awareness" (also Achtsamkeit nach innen und außen) zu zeigen. Hierzu sollten wir uns bewusst machen, was die jeweilige Situation in uns auslöst und was wir bei den Teilnehmenden wahrnehmen. Wir möchten dies mit einem

Cartoon illustrieren, so wie wir es auch – „angemessen ungewöhnlich“ – in unseren Lehr-Lern-Situationen tun würden.

Abbildung 5: Savage Chickens (Quelle: Doug Savage 2008, www.savagechickens.com)

Kongruenz

Kongruenz meint die Übereinstimmung mit dem Gesagten, dem Gefühlten sowie dem Gedachten. Auch hier der Appell: Seien wir mutig. Sagen wir, was uns während einer Lehr-Lern-Situation durch den Kopf geht, welche Bilder in uns entstehen. Auch im Sinne Ruth Cohns (1997) haben „Störungen“ Vorrang.

Ruth Cohn (1997) hat eine weitere Grundhaltung formuliert: „Be your own chairman.“ Dies lässt sich mit dem Gedanken des *Empowerments* bzw. des „selbstbestimmten Lernens“ zusammendenken. Jeder und jede Lernende ist selbst verantwortlich für das, was er oder sie lernt. Alle Lernenden sind aufgefordert, für sich selbst Sorge zu tragen. Sie werden ermuntert, das zu benennen, was stört bzw. was sie vom lebendigen Lernen abhält.

BEISPIEL

Lernende sollten sich jederzeit ermutigt, ja eingeladen fühlen, nachzufragen, wenn sie feststellen, dass

- die eingebrachten Visualisierungen eher vom Thema ablenken oder
- wenn sie Visualisierungen oder Beispiele vermissen oder
- wenn sich ihnen das Thema oder die Argumentation noch nicht erschlossen hat.

Für Lehr-Lern-Situationen, in denen wir als Lehrende den Eindruck haben, dass die Situation sich nicht erfolgversprechend entwickelt, empfehlen wir, das sogenannte dynamische Dreieck von Ruth Cohn (1997) zu berücksichtigen (→ Abb. 6).

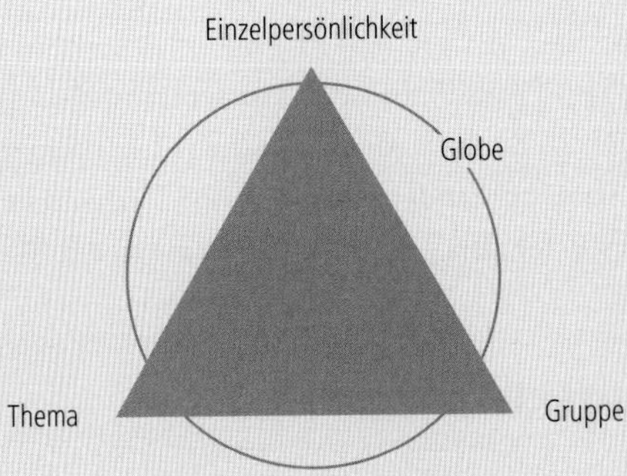

Abbildung 6: Das dynamische Dreieck (nach Cohn 1997)

Das dynamische Dreieck kann uns als Lehrende – sozusagen im Zuge unserer „externen Awareness" – als Diagnoseinstrument dienen. Wenn wir feststellen, dass Lernende Privatgespräche führen, aus dem Fenster schauen, gähnen etc., dann visualisieren wir für uns, welche Ecke des dynamischen Dreiecks in diesem Moment zu sehr im Fokus steht. Ist es das Thema, das für die Gruppe oder Einzelne nicht interessant ist? Ist das Thema zu schwierig oder bereits bekannt, also nicht „angemessen ungewöhnlich"? Sind die Wortbeiträge einzelner Teilnehmender zu lang? Oder reflektieren wir zu lange über die Gruppendynamik, so dass Thema und Einzelpersonen zu kurz kommen?

Das dynamische Dreieck wird wieder in die Balance gebracht, indem wir die vernachlässigte Ecke in den Fokus nehmen, zum Thema machen oder aber explizit visualisieren, um gemeinsam mit der Gruppe darüber zu reflektieren, wie das Lehr-Lern-Geschehen effektiver gestaltet werden kann.

> Lehr-Lern-Settings sind zumeist dann erfolgreich, wenn sie aus folgenden Elementen bzw. Schritten bestehen:
>
> - einem kurzen Theorie-Input mit konkreten Thesen und mit entsprechenden Visualisierungen,
> - einer Praxisphase, in der die vorgestellten Thesen oder Theorien ausprobiert werden und
> - einer Reflexionsphase, in der die Thesen oder Theorien noch einmal überprüft, diskutiert und ggf. neu formuliert werden.

Die hier vorgestellten Grundhaltungen müssen erfahrbar gemacht bzw. einsehbar werden. Die Teilnehmenden einer Lehr-Lern-Situation sollten diese Grundhaltungen beim Lehrenden erkennen und buchstäblich „sehen“. Denn ein großer Teil des Erfahrens geschieht über die visuelle Wahrnehmung.

3.4 Didaktische Prinzipien

Anhand der verschiedenen Seiten einer Medaille hatten wir bereits auf die Reduktion von Wirklichkeit hingewiesen. Nun geht es um die didaktische Reduktion. Reduzieren wir also unsere Inhalte! Und reduzieren wir auch unsere Visualisierungen! Das bedeutet, dass wir nicht zu viel Inhalt bzw. Information in eine Visualisierung packen sollen und dass in einer Lehr-Lern-Situation auch nicht zu viele Visualisierungen verwendet werden sollten. Überlegen wir, was uns am wichtigsten ist (mehr dazu →Kap. 4.2 und Kap. 4.3.4).

Doch zunächst wollen wir fragen: Wie lässt sich der Einsatz von Visualisierungen durch didaktische Prinzipien erklären? Hierzu nehmen wir Bezug auf folgende vier Prinzipien von Strauch/Jütten/Mania (2009):

- Handlungsorientierung,
- Eigenaktivität der Lernenden,
- Subjektorientierung und
- Kompetenzorientierung.

Bei der folgenden Diskussion der Anwendung der hier genannten Prinzipien wird deutlich, dass der zuvor benannte Dualismus von Leitungsorientierung versus Teilnehmerorientierung eine Reduktion von Wirklichkeit ist.

Handlungsorientierung

Strauch/Jütten/Mania (2009) behaupten, dass nach diesem Prinzip Handlungsziele mit hohem Realitätsbezug den Ausgangspunkt von Bildungsarbeit bilden sollen. Eben das ist durch eine gelungene, realitätsbezogene Visualisierung hervorragend zu leisten. „Für die Praxis bedeutet das, dass die Veranstaltungsziele im Sinne von Kompetenzen formuliert werden sollen“ (S. 20). Dies ist eine besondere Herausforderung. Allerdings erreichen wir eine umso größere Effektivität, wenn es uns gelingt, diese Kompetenzen zu veranschaulichen – z.B. durch die Bilder von konkreten Handlungssituationen. Dabei sollte nicht nur die Vermittlung von trägem Fachwissen, sondern immer auch der Anwendungsbezug und die Förderung von Handlungsfähigkeit bzw. kompetentem Handeln stehen.

Eigenaktivität des Lernenden

Wenn Strauch/Jütten/Mania (2009) behaupten, dass Kompetenzentwicklung nicht vordringlich durch Aufnahme und Rezeption, sondern durch aktive Betätigung des Lernenden gefördert wird und sich im Handeln zeigt und durch Agieren in situativen Anforderungen entwickelt werde, dann liegt hier ein Widerspruch zu unserem Plädoyer für Visualisierungen vor. Denn diese werden ja erst einmal nur *passiv* aufgenommen. Aus eben diesem Grunde ist uns die *aktive* Auseinandersetzung, die Reflexion der Visualisierungen und der dadurch ausgelösten individuellen Assoziationen wichtig. Hier wird die Aktivität der Lernenden gefördert: nämlich in der Auseinandersetzung mit den eigenen Assoziationen, letztlich mit der eigenen Biographie.

Dies ist aber nur ein aktivierender Aspekt von Visualisierungen. Der andere Aspekt ist die Aufforderung an die Lernenden, selbst Visualisierungen zu erstellen (→ Kap. 4.4.1 und Kap. 4.4.8).

BEISPIEL

Es ist eine Methode der Gestaltberatung, nach einer gelenkten Phantasiereise die Teilnehmenden ein Bild malen zu lassen. Die Bilder sind selbstredend so unterschiedlich wie es die Teilnehmenden sind. Wenn die Teilnehmenden erkennen, was die Bilder über sie selbst aussagen, was alles in ihnen steckt, haben sie wichtige Erkenntnisse gewonnen und werden diese nicht mehr vergessen: „Das Bild bleibt hängen".

Subjektorientierung

Auch hier möchten wir auf Strauch/Jütten/Mania (2009) zurückgreifen. Sie sagen, dass dem Prinzip der Subjektorientierung zufolge die Lerninhalte vor dem Hintergrund der Handlungsabsichten der Subjekte und nicht nach einer systematisch-wissenschaftlichen Sachlogik ausgewählt werden sollten. Landläufig wird dieses Prinzip ja auch genannt: die Teilnehmenden dort abzuholen, wo sie stehen. Dies hat auch für die Visualisierungen eine Bedeutung. Also auch hier wieder: Visualisieren wir „angemessen ungewöhnlich". Und dabei sollten wir auf die individuelle Biographie der Lernenden, auf deren Vorerfahrungen und Lerngeschichte Rücksicht nehmen.

Kompetenzorientierung

In diesem Zusammenhang möchten wir mit einer Definition beginnen, wobei wir darauf hinweisen müssen, dass es eine Vielzahl von derzeit diskutierten Definitionen gibt. Wir beziehen uns auf Erpenbeck/Heyse (1999), die sagen: „Kompetenzen werden von Wissen fundiert, durch Werte konstituiert, als Fähigkeiten disponiert, durch Erfahrungen konsolidiert, aufgrund von Willen realisiert" (S. 162). Auf Visualisierung bezogen, lässt sich dieser Satz folgendermaßen umschreiben: „Visualisierung wird von Wissen fundiert, durch Werte konstituiert, als Fähigkeit disponiert, durch Erfahrungen konsolidiert, aufgrund von Willen realisiert." Auch Strauch/Jütten/Mania (2009) geht es um die Orientierung an bereits erworbenen Kompetenzen des Subjekts.

Um auch hier dem Konstruktivismus – und damit der Vielfältigkeit von Theorien – Rechnung zu tragen, wollen wir neben diesen vier didaktischen Prinzipien ein weiteres Lernmodell (→ Tab. 7) vorstellen (Rohr u.a. 2010). Es verdeutlicht, dass Lernen – neben dem Erlernen von Wissen – idealtypischerweise vier Facetten aufweist, die alle durch Visualisierungen unterstützt werden:

1. *eigenverantwortliches Lernen*
   z.B. eigene Ziele, biographisches Lernen, Empowerment, strukturierte Selbstlernzeit, Portfolio

2. *kooperatives Lehren und Lernen*
   z.B. interdisziplinäres Teamteaching, Tutoren, Tandems und Triaden (Peergroups), systemisch-konstruktivistische Didaktik, Inklusion, Beziehungsgestaltung
3. *problembasiertes, forschendes Lernen*
   z.B. interdisziplinäres Teamteaching, fallorientiert, pädagogische Kasuistik, Supervision
4. *reflexives Lernen*
   z.B. Reflexionsmethoden, Supervision, Coaching, biographisches Lernen, Tandems und Triaden, Portfolio

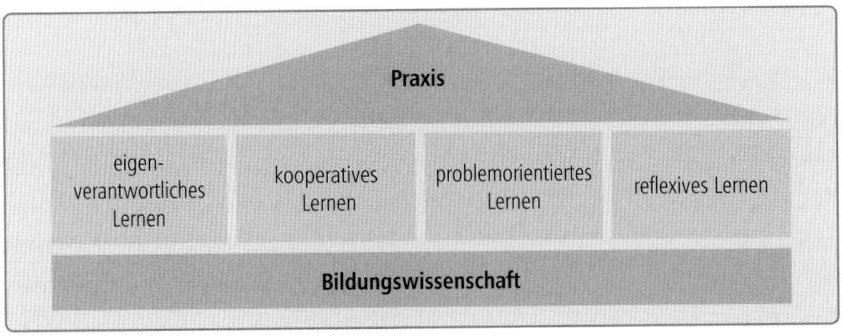

Abbildung 7: Lernmodell (nach Rohr u.a. 2010)

Alle hier genannten Aspekte von Visualisierung beziehen sich demnach nicht nur auf die Visualisierung von Theorien und Modellen, also von Wissen, sondern auch auf die Vermittlung von Theorien und Modellen der Methodik und Didaktik des Lernens: eigenverantwortliches, kooperatives, forschendes („problem based learning") und reflexives Lernen. All das verstehen wir immer als einen Akt des Lebenslangen Lernens.

Exemplarisch wollen wir hier kurz den erstgenannten Aspekt hervorheben: eigenverantwortliches Lernen. Neben der Formulierung allgemeiner Lernziele (z.B. des Workshops oder Seminars) ist es lern- und motivationsförderlich, die Teilnehmenden eigene (ggf. spezifischere, ausgewählte oder fokussierte) Lernziele formulieren und selbst visualisieren zu lassen. Diese können sowohl kompetenz- wie auch wissensorientiert sein. Entscheidend ist, dass die Lernenden ein klares Ziel, d.h. ein klares „Bild" vor Augen haben.

Didaktische Reduktion

Nach der Diskussion der Lernmodelle und der vier didaktischen Prinzipien möchten wir nun zur didaktischen Reduktion kommen. Es ist selbstverständlich, dass nicht die vollständigen Inhalte eines mündlichen Vortrags oder eines schriftlichen Textes (Buch, Artikel etc.) in einer Visualisierung umgesetzt werden können. Eine Visualisierung ist, wie wir bereits angemerkt haben, an sich bereits eine Auswahl bzw. Fokussierung auf zentrale Aussagen, Aspekte oder anderweitig relevante, allein begrifflich schwer vermittelbare Inhalte. Wir kennen es aus Vorträgen: Es gibt nichts Ermüdenderes als ablesende Vortragende ohne Visualisierungen. Und es gibt genauso Vortragende mit Folien oder anderen Präsentationsformen, die zu viel Text beinhalten.

Wir schließen uns der folgenden Aussage von Görts/Marks/Stary (2001) an: „Es wird von Vortragenden nicht genügend reflektiert, dass Lernprozesse durch Anschauen und Hören ganz anders geführt und ermöglicht werden müssen als in der Lese-Seh-Situation, d.h. Inhalt und Anordnung von Lerngegenständen auf Visualisierungsmedien müssen deutlich anders sein als auf einem Printmedium. Der gesprochene Kommentar und die ggf. gegebenen schriftlichen Ergänzungen zur projizierten Abbildung müssen diese besondere Wahrnehmungs- und Lernsituation ausdrücklich berücksichtigen“ (S. 10).

Es ist häufig so, dass Lehrende meinen, es müsse eine möglichst große Menge an Inhalten vermittelt werden. Immer neue Folien mit immer neuen schriftsprachlichen oder bildhaften Informationen (Zitaten, Begriffen, Diagrammen etc.) führen eher dazu, dass jede weitere Folie im Nachhinein von den Lernenden nicht rezipiert werden kann und folglich der Inhalt nicht erarbeitet wird (→ Kap. 4.2 und Kap. 4.3.4).

Wir wollen an dieser Stelle wiederholen, dass wir den Fokus auf eine *Reduktion* von Wissensinhalten in Lehr-Lern-Situationen legen. Im Seminar, im Workshop oder Unterricht kann es nur mehr darum gehen, eine Motivation für die Wissensaneignung durch die Lernenden zu bieten. Idealerweise tun wir dies an Beispielen, also anhand von Erfahrungen anderer, oder wir ermutigen die Lernenden dazu, die gebotenen Inhalte anhand eigener praktischer – d.h. auch intellektueller – Erfahrung zu überprüfen.

Thesen und Theorien zu prüfen und Wissen zu erwerben, dies muss eine aktive Handlung des Lernenden in höchst individuellen Prozessen sein. Ideal ist es, wenn wir als Lehrende durch wohlstrukturierte Handouts und Visualisierungen unseren Vortrag ergänzen. Am Ende kann weiterführende Literatur erwähnt werden, so dass jeder Lernende ganz nach seinen Vorkenntnissen und Interessen an den vorgestellten Inhalten weiterarbeiten kann.

Nicht zuletzt soll dieses Buch auch ein Plädoyer für mehr Humor und Gelassenheit sein. Und aus Ihrer eigenen Erfahrung wissen Sie sicherlich auch bereits um Folgendes:

- Bilder wecken eher Gefühle als Worte und Schrift.
- Spaß, Lächeln und Lachen sind ideale Katalysatoren, um Gefühle zu wecken.
- Und: „Wenn etwas mit starken Gefühlen verbunden ist, wird es im Gehirn schneller und zuverlässiger verarbeitet und lässt sich leichter wieder abrufen“ (Hertlein 2003a, S. 41).

Wir möchten Sie daher einladen, Späße oder Witze einzubauen, wo immer dies möglich ist. Diese sind ja auch meist ein Spiel mit (Sprach)Bildern. Spielen Sie mit der Sprache und mit Sprachwitz, mit geflügelten Wörtern, mit Sprichwörtern und Anekdoten! Bleiben Sie also gelassen insofern, als dass bei der Visualisierung ja nichts schief gehen kann – sie ist ernst oder humorvoll, beides kann immer zu einer offenen und ehrlichen Reflexion über das gerade Gesagte, Gezeigte, Geschehene genutzt werden.

Lektüreempfehlungen

Bruhn, M. (2009): Das Bild. Theorie, Geschichte, Praxis. Berlin

Hertlein, M. (2003): Präsentieren. Vom Text zum Bild. 2., überarb. Aufl. Reinbek bei Hamburg

Quitmann, H. (1991): Humanistische Psychologie. Göttingen

Schmeer, G. (2006): Die Resonanzbildmethode – Visuelles Lernen in der Gruppe. Selbsterfahrung – Team – Organisation. Stuttgart

Wigan, M. (2006): Visuelles Denken. München

4. Visualisierung in der Praxis

Der Fokus dieses Kapitels liegt auf den Möglichkeiten der Anwendung von Visualisierungen in verschiedenen Lehr-Lern-Settings. Um eine lernförderliche Visualisierung zu erstellen, bedienen wir uns verschiedener Gestaltungselemente, die im Folgenden dargestellt werden. Darauf aufbauend wenden wir uns den Kompositionsregeln von Visualisierungen zu und beleuchten die Vor- und Nachteile von unterschiedlichen Visualisierungsmedien. Auf Basis dieser Informationen werden wir verschiedene kreative Darstellungsformen und Methoden der Visualisierung vorstellen und sie vor dem Hintergrund eines eigens erstellten Rasters analysieren. Somit stellen für uns die Kenntnisse über Gestaltungselemente, Kompositionsregeln und Medien das Hintergrundwissen dar, welches wir benötigen, um Methoden in Bezug auf unsere Ziele und Inhalte auswählen und anwenden zu können.

4.1 Gestaltungselemente

Zu den elementaren Gestaltungselementen in Visualisierungen gehören Schrift und Farbe ebenso wie verschiedene Arten von grafischen Darstellungen (z.B. Diagramme), Symbole sowie Cartoons/Karikaturen, Fotos und Bilder. Diese werden wir im Folgenden näher erläutern.

4.1.1 Schrift

Schrift wollen wir als das grundlegende wie auch zentrale Gestaltungselement bezeichnen. Die Lerninhalte werden vorrangig mithilfe von Schrift(zeichen) transportiert, aber auch ihre formale Erscheinung hat entscheidenden Einfluss auf den Lehr-Lern-Prozess. Schrift hat nicht nur eine denotative, also begriffliche Hauptbedeutung, sondern auch eine konnotative, d.h. mitbezeichnende Nebenbedeutung, welche emotionale oder affektive Wortbedeutungskomponenten enthält (Franck/Stary 2006) und somit individuell verschieden sein kann.

Die Auswahl einer geeigneten Schriftart und -größe scheint auf den ersten Blick der am wenigsten komplexe Prozess zu sein. Die gängigen PC-Programme geben uns eine große Anzahl von Schriften zur Auswahl.

Auch die handschriftliche Beschriftung von Flipcharts scheint keine besondere Herausforderung zu sein. Aber auch wenn wir über eine schöne und gleichmäßige Schreibhandschrift verfügen, sollten wir dennoch den Druckbuchstaben den Vorzug geben. Diese lassen sich auch in größeren Räumen und auf eine weitere Entfernung gut erkennen und verleihen der Visualisierung eine Einheitlichkeit. Bei PC-gestützt erstellten Folien empfehlen wir die Verwendung einer gut lesbaren, gängigen Schriftart (z.B. Arial) und des linksbündigen Flattersatzes, um Textlücken zu vermeiden. Um einzelne Aspekte hervorzuheben, können wir auf den **fetten** oder <u>unterstrichenen</u> Schriftschnitt zurückgreifen. Von dem *kursiven* Schriftschnitt raten wir hingegen ab, da dieser die Lesbarkeit der Schrift verringert.

Neben einer geeigneten Schriftart spielt auch die Schriftgröße eine entscheidende Rolle in Bezug auf eine lernförderliche Visualisierung. Nur die Inhalte, die wir ohne Mühe erkennen und lesen können, wirken sich positiv auf unseren Lernprozess aus. Welche Schriftgröße wir für unsere Visualisierung wählen, hängt zum einem vom gewählten Medium (→ Kap. 4.3), zum anderen von der Raumgröße ab. Wir empfehlen die Verwendung folgender Mindestschriftgrößen für den Fließtext, die Überschriften können im Verhältnis größer gewählt werden:

Medium	PC	handschriftlich
Overheadprojektorfolie	18 bis 20 Punkt	1 cm
PowerPoint-Folie	24 Punkt	---
Flipchart	---	5 cm
Poster	100 bis 120 Punkt	2 bis 3 cm

Tabelle 3: Schriftgrößen

4.1.2 Farbe

Der Einsatz von Farben in der Visualisierung erfüllt verschiedene Funktionen: Neben der Gliederung und Strukturierung der Inhalte können mithilfe von Farbe einzelne Aspekte hervorgehoben und im Laufe des Lernprozesses wiedererkannt werden. Dabei sollten wir jedoch beachten, Farben nicht als dekorative Zugabe, welche vom eigentlichen Inhalt ablenken könnte, sondern immer bewusst, das heißt aufmerksamkeitssteuernd einzusetzen.

Doch warum helfen uns Farben beim Lernen? Das menschliche Gehirn besteht aus zwei Hälften. Während die linke Gehirnhälfte vor allem für das logische Denken verantwortlich ist, kümmert sich die rechte Gehirnhälfte unter anderem um das kreative. Um ganzheitlich zu lernen, sollten beide Gehirnhälften angesprochen werden. Der Einsatz von Farben bezieht die rechte Gehirnhälfte mit ein und sorgt dafür, dass das Lernen nicht auf der Stufe des rein logischen, auf Fakten basierenden Lernens stattfindet.

In den einschlägigen Ratgebern werden Farben eine Reihe von Bedeutungen zugeschrieben (Görts/Marks/Stary 2001; Amann u.a. 2007). Dabei steht vor allem die psychologische Wirkung auf den Betrachter und dessen Assoziationen, die durch den Farbton geweckt wurden, im Vordergrund. Wir möchten an dieser Stelle darauf hinweisen, dass diese Wahrnehmungen immer in Abhängigkeit von unterschiedlichen Faktoren – wie dem Geschlecht, dem Alter oder dem kulturellen Hintergrund des Betrachters – zu bewerten sind. Die Bedeutung, welche wir einer Farbe zuschreiben, ist von uns im Laufe unseres Lebens in einem weitgehend emotional geprägten Prozess erlernt worden. Da wir auf subjektiv sehr unterschiedliche Erfahrungen zurückgreifen, und somit beim Lernenden keine einheitliche Wirkung von Farben voraussetzen können, empfehlen wir bei der Erstellung von Visualisierungen stets individuelle Entscheidungen zu treffen, welche die oben genannten Faktoren berücksichtigen.

Für eine lernförderliche Visualisierung spielen neben den Assoziationen, welche die Farben in uns hervorrufen, auch die eher pragmatischen Aspekte der Lesbarkeit und Strukturierung eine Rolle.

Um eine möglichst gute Lesbarkeit sicherzustellen, empfehlen wir die Verwendung einer dunklen Farbe bzw. schwarz für die Schrift auf einem leicht getönten Hintergrund. Dieser ist für das Auge angenehmer wahrzunehmen als eine große weiße Fläche. Für einzelne Hervorhebungen haben sich die Farben Rot und Grün bewährt, da sie sich deutlich von den anderen abheben.

Für die Erstellung von Farbkontrasten (z.B. bei der Erstellung von Diagrammen) bieten sich verschiedene Möglichkeiten: Einen starken Farbkontrast können wir unter anderem durch die Verwendung von Komplementärfarben erzielen. Komplementärfarben sind jene Farben, welche sich im Farbkreis gegenüberliegen (Blau/Orange; Grün/Rot; Gelb/Violett) (→ Abb. 8).

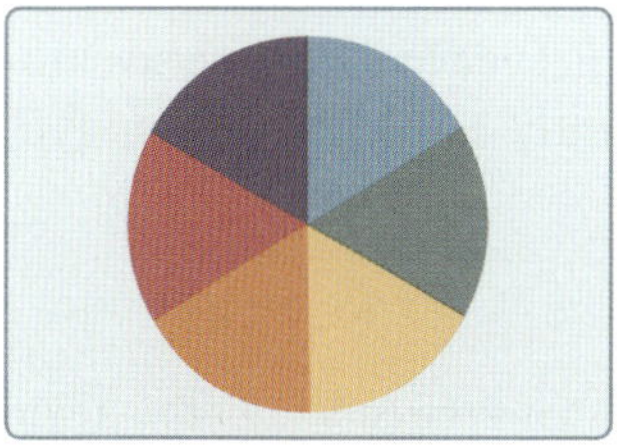

Abbildung 8: Farbkreis 1

Einen ähnlichen Effekt erreichen wir auch mit der Verwendung eines Farbdreiklangs aus dem in weitere Segmente unterteilten, untenstehenden Farbenkreis (z.B. jeweils mittlerer Ton Gelb, Orange und Rot) (→ Abb. 9).

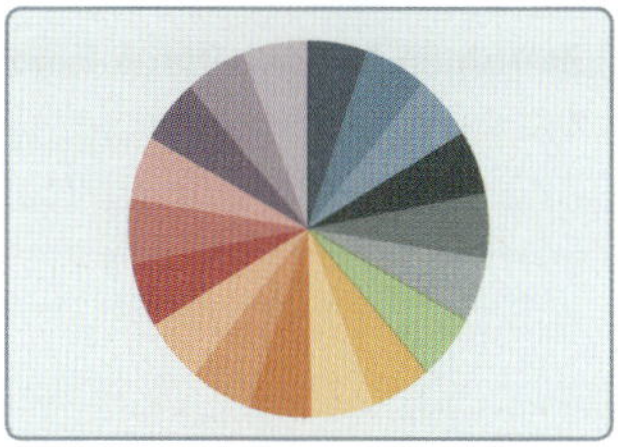

Abbildung 9: Farbkreis 2

Weitere Möglichkeiten der Kontrastierung von Farben sind der Simultankontrast, bei dem eine hellere und eine dunklere Abtönung der gleichen Farbe (z.B. Dunkelgrün auf Hellgrün) genutzt werden und die Verwendung von im zweiten Farbkreis nebeneinanderliegender Farbharmonien (z.B. drei verschiedene Rottöne).

Welche Art des Kontrastes wir wählen, hängt maßgeblich von seinem Zweck ab: Während große, einheitliche und vor allem helle Farbflächen auf den Betrachter eher harmonisch wirken, erzielen Komplementärfarben einen gegenteiligen Effekt.

Abschließend wollen wir darauf hinweisen, dass bei der Farbwahl weniger oft mehr ist. Zu viele Farbwechsel können vom Wesentlichen, also den Inhalten, ablenken, so dass wir im Hinblick auf das Gestaltungselement Farbe einen sparsamen Umgang empfehlen. Es hat sich in der Praxis beispielsweise bewährt, eine Farbe einem Thema, einer Perspektive oder einem Element in der Darstellung (Hintergrund, Überschriften, Fließtext) zuzuordnen und diese Zuordnung beizubehalten. Dieses Vorgehen weist der Farbe neben der hervorhebenden auch eine strukturierende Rolle zu, welche sich ebenfalls positiv auf den Lehr-Lern-Prozess auswirken kann.

4.1.3 Grafische Darstellungen

Eine Liste bzw. Auflistung ist die am häufigsten verwendete Form, Texte und schriftsprachliche Informationen zu strukturieren und auf diese Weise inhaltliche Aspekte hervorzuheben. Daneben gibt es eine Vielzahl von verschiedenen Formen grafischer Darstellungen, welche zu unterschiedlichen Zwecken genutzt werden können. Sie haben sich vorzugsweise für die Visualisierung von Zahlen, Größenverhältnissen, Strukturen, Entwicklungen und Beziehungen bewährt und werden in folgender Tabelle 4 kurz skizziert:

Art der Darstellung	anwendbar für …	… dabei zu beachten
Liste/Tabelle	Auflistungen, Übersichten	∘ maximal neun Elemente
Kreisdiagramm 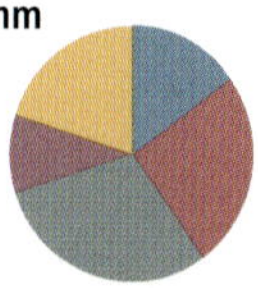	Strukturen (Anteile, Zusammensetzungen)	∘ nicht mehr als sechs Segmente ∘ nach der Größe im Uhrzeigersinn anordnen ∘ größere Segmente heller einfärben ∘ möglichst eine Farbe in verschiedenen Tönungen einsetzen
Balkendiagramm 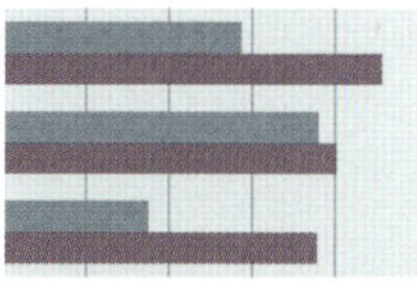	Rangfolgen, Vergleiche	∘ Balken nach der Größe sortieren, ∘ größten Balken nach oben, ∘ dreidimensionale Balken verzerren das Bild, genaue Daten können nur schwer abgelesen werden ∘ nicht für Zeitreihen, dabei besser zu lesen von links nach rechts
Säulendiagramm 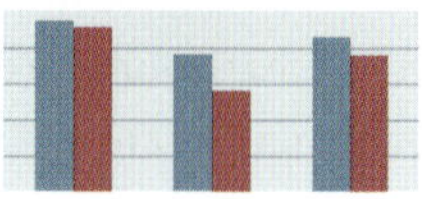	Entwicklungen, Verläufe, Häufigkeiten (räumlich/zeitlich)	∘ nicht für Rangfolgen, dabei besser zu lesen von oben nach unten
Linien/Kurvendiagramm 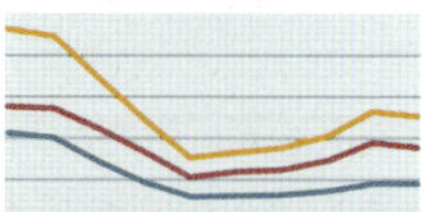	Entwicklungen, Verläufe, Häufigkeiten (räumlich/zeitlich)	
Organigramm 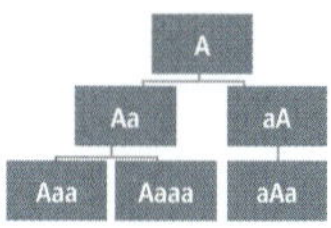	Aufbau von Organisationen	
Strukturbilder (Verbindung von geometrischen Figuren mit Text und Linien) 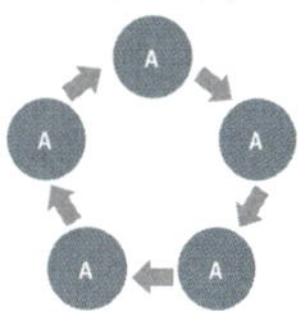	Entwicklung, Verläufe, Beziehungen, abstrakte Begriffe	∘ aus Vorsilben räumliche Bezüge erzeugen: **hinein**drängen, **hervor**heben, **abwärts/aufwärts**gehen ∘ Ringanordnung um Zirkularität zu symbolisieren ∘ immer von links nach rechts bzw. oben nach unten lesen/erstellen ∘ Bild muss nicht selbsterklärend sein

Tabelle 4: Grafische Darstellungsformen

4.1.4 Symbole

Durch den Einsatz von Symbolen können wir in Visualisierungen einzelne Aspekte hervorheben und verdeutlichen.

DEFINITION

Der Ursprung des Wortes „Symbol" liegt im griechischen *symbolon,* einer Ableitung des Begriffs *symballo,* was sich als „zusammenfügen" übersetzen lässt. Die lateinische Bezeichnung *symbolum* steht für „Sinnbild" oder „Bild". In diesem Kontext verstehen wir ein Symbol als ein Zeichen, welches synonym für ein Wort, einen Satz oder einen komplexeren Bedeutungszusammenhang steht.

Bei der Verwendung in Visualisierungen müssen wir jedoch darauf achten, standardisierte Symbole zu benutzen, um sicherzustellen, dass diese für alle Lernenden die gleiche Bedeutung haben. Diese kann je nach kulturellem Hintergrund auch durchaus verschieden sein und hängt davon ab, ob und aus welchem Zusammenhang die Lernenden das jeweilige Symbol kennen.

4.1.5 Bilder, Cartoons, Illustrationen

Bilder (Malerei, Grafik), Fotos, Comics, Cartoons, Graphic Novels und auch Illustrationen erzählen Geschichten. Sie sind eine „Ab-Bildung“ von Wirklichkeit aus der Perspektive ihres Erstellers. Bei der Verwendung von solchen künstlerischen Darstellungen müssen wir jedoch darauf achten, dass die Botschaft möglichst eindeutig ist und eine Verständigungsgrundlage für Lehrende und Lernende schafft. Während Fotos durch ihre realistische Eins-zu-eins-Abbildung einen hohen Realitätsgehalt bieten, können ein Cartoon (d.h. ein Einzelbild), ein Comic oder eine Graphic Novel (eine Sequenz von mehreren Bildern) eine umfangreiche Geschichte beinhalten. Illustrationen sind hingegen Bilder, welche als Erläuterung des Textes beigefügt werden und nicht für sich allein stehen. Auch bei dieser Form der Visualisierung gilt es zu prüfen, inwiefern solche bildhaften Darstellungen die Botschaft, die wir vermitteln wollen, transportieren, oder ob es sich um visuelle Beigaben, welche ausschließlich Dekorationszwecken dienen, handelt.

CHECKLISTE 2

Gestaltungselemente

1. Schrift

PC-gestützte Folien

- gut lesbare Schrift verwenden
- gängige Schrift (z.B. Arial) verwenden
- linksbündigen Flattersatz nutzen, um Textlücken zu vermeiden
- zur Hervorhebung einzelner Aspekte fetten oder unterstrichenen Schriftschnitt verwenden
- Mindestschriftgrößen (abhängig vom Medium und Raumgröße) berücksichtigen:
  - Overheadprojekterfolie 18 bis 20 Punkt
  - PowerPoint-Folie 24 Punkt
  - Poster 100 bis 120 Punkt
- Überschriften im Verhältnis größer wählen

Handschriftliche Folien

- Druckbuchstaben verwenden
- Mindestschriftgrößen (abhäng vom Medium und Raumgröße) berücksichtigen:
  - Overheadprojekterfolie 1 cm
  - Flipchart 5 cm
  - Poster 2 bis 3 cm
- Überschriften im Verhältnis größer wählen

2. Farbe

- Farbe bewusst zur Gliederung, Strukturierung oder Hervorhebung einzelner Aspekte einsetzen
- Farbe nicht als dekorative Zugabe verwenden – sparsamer Umgang
- dunkle Farbe bzw. schwarze Schrift auf leicht getöntem Hintergrund verwenden
- die Farben Rot und Grün für einzelne Hervorhebungen nutzen
- für Farbkontraste Komplementärfarben, Farbdreiklang oder hellere/dunklere Abtönung einer Farbe verwenden
- gesättigte, kontrastreiche Farben verwenden, um Relevantes hervorzuheben
- helle und harmonische Farbtöne für größere Flächen, Diagramme nutzen

3. Grafische Darstellung

- Auflistungen, Übersichten in Form einer Liste/Tabelle darstellen
- Strukturen (Anteile, Zusammensetzungen) als Kreisdiagramm darstellen
- Rangfolgen, Vergleiche als Balkendiagramm darstellen
- Entwicklungen, Verläufe, Häufigkeiten (räumlich/zeitlich) mithilfe eines Säulen-/Linien-/Kurvendiagramms darstellen
- Aufbau von Organisationen mithilfe eines Organigramms darstellen
- Entwicklung, Verläufe, Beziehungen, abstrakte Begriffe in einem Strukturbild darstellen

4. Symbole

- Symbole so einsetzen, dass sie als Synonym für ein Wort, einen Satz oder einen Bedeutungszusammenhang stehen
- standardisierte Symbole verwenden, um sicherzustellen, dass die Bedeutung für alle Betrachter gleich ist

5. Bilder/Cartoons/Illustrationen

- eindeutige Botschaften senden, um eine Verständigungsgrundlage für alle Betrachter zu schaffen

4.2 Kompositionsregeln und Konstruktionsvorgänge

Bevor wir uns mit den Regeln für eine Visualisierungskomposition auseinandersetzen, wollen wir zunächst einige Hinweise zur Komposition der Visualisierung geben. Wir verstehen Visualisierung stets im Kontext eines von aktivierenden Methoden geprägten Lehr-Lern-Settings. Visualisierung sollte also nicht einer Art „Präsentationskino" gleich die Lernenden mit Informationen beliefern und diese in eine passive Rezeptionshaltung fallen lassen. Wir möchten auch an dieser Stelle erneut auf die Relevanz der didaktischen Reduktion verweisen (→Kap. 3). Grundsätzlich wollen wir noch einmal darauf hinweisen, dass bei Visualisierungen eine Eins-zu-eins-Wiedergabe der verbal vorgetragenen Lerninhalte vermieden werden sollte, um nicht die Moderation beziehungsweise Präsentation der Lerninhalte durch den Lehrenden zu ersetzen. Am Beginn jeder Visualisierung steht die Überlegung, wo und wie die Inhalte auf dem gewählten Visualisierungsmedium platziert werden. Wir unterscheiden in:

- Aufteilung,
- Anordnung,
- Hervorhebung und
- Gestalt.

Die folgende Hinweise beziehen sich sowohl auf technische als auch nichttechnische Medien (→Kap. 4.3).

4.2.1 Aufteilung

Der erste Schritt bei der Erstellung von Visualisierung besteht in der Aufteilung der Folie, des Flipcharts oder Posters. Das Ziel ist es, die Informationen derart aufzuteilen und zu gestalten, dass sie eine harmonische Wirkung auf die Lernenden haben. Eine Möglichkeit, dieses Ziel zu erreichen, besteht in der Berücksichtigung des sogenannten Goldenen Schnitts bei der Gliederung der Folie.

Die Theorie des Goldenen Schnitts wurde bereits in der griechischen Antike begründet und besagt, dass ein bestimmtes Proportionsverhältnis vom Betrachter als besonders ästhetisch und harmonisch empfunden wird (Görts/Marks/Stary 2001). Dieses Proportionsverhältnis lässt sich mit der Formel $(a + b) : a = a : b$ zusammenfassen. Die nachfolgende Abbildung 10 zeigt zwei Geraden, welche in oben genanntem Verhältnis zueinander angeordnet sind.

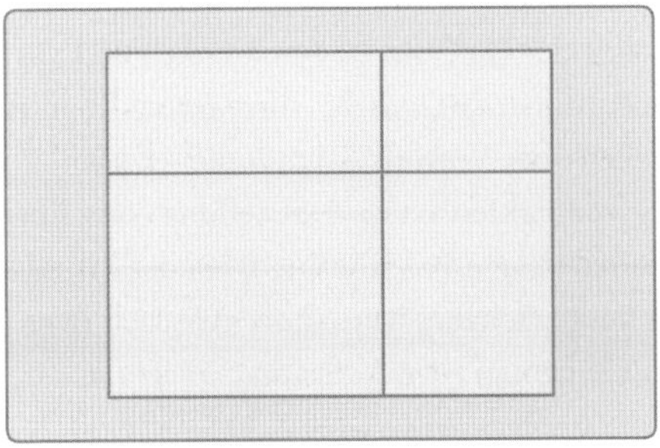

Abbildung 10: Goldener Schnitt 1

Die so entstandenen Rechtecke können mithilfe der oben genannten Formel weiter unterteilt werden (→Abb. 11).

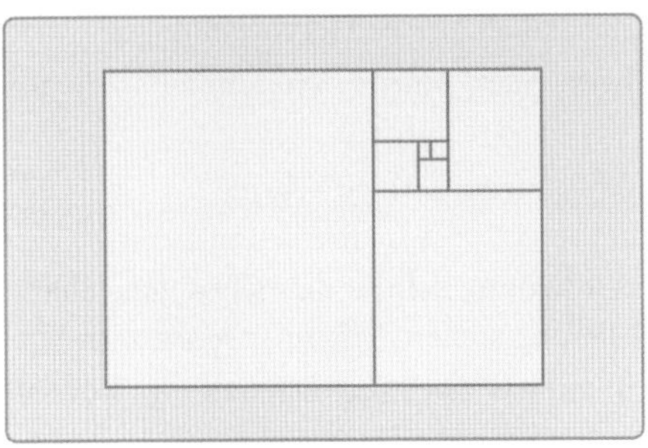

Abbildung 11: Goldener Schnitt 2 (nach Görts/Marks/Stary 2001)

Bei der Erstellung von Visualisierungen können wir die so entstandenen Felder mit den verschiedenen Gestaltungselementen füllen. Um die einzelnen Folien etc. inhaltlich nicht zu überladen, empfehlen wir, maximal 60 Prozent der Fläche derartig zu füllen.

4.2.2 Anordnung

Nachdem die Folie/das Flipchart in einem ersten Schritt aufgeteilt wurde, können wir die Inhalte anordnen. Hier kann entweder

- eine Reihung oder
- eine dynamische Form

gewählt werden.

Bei der *Reihung* werden die Inhalte in Form einer Auflistung (z.B. mithilfe von Kästchen, welche in einem gleichen Abstand zueinander stehen) in einer eindeutigen Richtung aneinandergereiht. Dabei empfehlen wir, sich auf drei bis maximal neun Elemente pro Folie oder Flipchart zu beschränken und ausschließlich Stichworte zu verwenden. Eine *dynamische Anordnung* können wir durch die Verwendung von Pfeilen oder Verlaufsdiagrammen erzielen.

Je nach Intention (Darstellung von Fakten versus Darstellung einer Entwicklung) können wir zwischen diesen beiden Polen wählen, bei der Visualisierung sollten wir jedoch auf ein ausgeglichenes Verhältnis zwischen dynamischen Elementen und ruhigeren Elementen (wie Auflistungen) achten.

4.2.3 Hervorhebung

Um wichtige Informationen in Visualisierungen hervorzuheben und von weniger bedeutsamen Inhalten zu unterscheiden, können wir verschiedene Gestaltungselemente nutzen. Grundsätzlich gibt es Hervorhebungen

- mithilfe einer größeren Schrift oder einem fetten/unterstrichenen Schriftschnitt oder
- durch farbliche Akzente (Umkreisungen, farbige Schrift).

Unabhängig von der Art der Hervorhebung sollten die relevanten Inhalte möglichst im Zentrum der Visualisierung stehen. Mit einer sparsamen Verwendung von Hervorhebungen (maximal zwei pro Darstellung) können wir sicherstellen, dass ihr Effekt auf den Lernenden bestehen bleibt.

4.2.4 Gestalt

Die letzte der vier Kompositionsregeln geht auf die Gestaltpsychologie zurück. Farbe, Text und Bild sollen miteinander in Beziehung stehen, d.h. als eine Einheit gesehen werden. Wir möchten uns auf einige Gestaltgesetze der Berliner Schule der Gestalt-Psychologie beziehen (Katz 1969). Für unsere praktische Arbeit ergeben sich folgende Aspekte:

- *Gesetz der Nähe*
  Zwei oder mehrere zusammengehörige Elemente sollten auch in der Visualisierung nah beieinander angeordnet werden (z.B. Beschriftung einer Zeichnung).
- *Gesetz der Geschlossenheit*
  Durch die Umrandung/Einrahmung von zentralen Aussagen können wir den Fokus des Betrachters auf diese lenken.
- *Gesetz der Ähnlichkeit*
  Bei einer optischen Zusammengehörigkeit geht der Betrachter ebenfalls von einer inhaltlich-sachlichen Zusammengehörigkeit aus. Diese können wir mithilfe von einheitlicher Schrift, Farbe oder Form erzielen (Franck/Stary 2006).

CHECKLISTE 3

Kompositionsregeln und Kompositionsvorschläge

1. Aufteilung
- Informationen so aufteilen und gestalten, dass sie harmonisch auf die Lernenden wirken
- Theorie des Goldenes Schnitts als Gliederungshilfe für Folien verwenden
- Folien im Proportionsverhältnis $(a + b) : a = a : b$ einteilen
- maximal 60 Prozent der Fläche mit Inhalt füllen

2. Anordnung
- bei der Reihung von Inhalten Aufzählungszeichen stets im gleichen Abstand zueinander setzen
- die Auflistung in einer eindeutigen Richtung vollziehen
- drei bis maximal neun Elemente pro Folie/Flipchart aufführen
- bei der Auflistung Stichworte verwenden
- Pfeile oder Verlaufsdiagramme für eine dynamische Anordnung verwenden
- auf ein ausgeglichenes Verhältnis zwischen dynamischen und ruhigeren Elementen achten

3. Hervorhebung

- durch größere Schrift oder einen fetten/unterstrichenden Schriftschnitt oder farbliche Akzente (Umkreisungen, farbige Schrift) Wichtiges hervorheben
- relevante Inhalte in das Zentrum der Visualisierung stellen
- Hervorhebungen (maximal zwei pro Darstellung) sparsam verwenden (sichert den Effekt)

4. Gestaltgesetze

- *Gesetz der Nähe*
  Zwei oder mehrere zusammengehörige Elemente sollten auch in der Visualisierung zusammenliegen
- *Gesetz der Geschlossenheit*
  Durch Umrandung/Einrahmung von zentralen Aussagen wird der Fokus des Betrachters gelenkt
- *Gesetz der Ähnlichkeit*
  Optische Zusammengehörigkeit signalisiert inhaltlich-sachlichen Zusammenhang – dieser kann mithilfe von einheitlicher Schrift, Farbe oder Form erzielt werden

4.3 Vor- und Nachteile von Medien

Nachdem wir uns den Gestaltungselementen und Kompositionsregeln von Visualisierungen gewidmet haben, wenden wir uns nun den Hilfsmitteln zu – im Vokabular der Didaktik auch „Medien" genannt –, mit welchen wir den Gegenstand unseres Lehrens und Lernens visualisieren.

Neben vielerorts vorhandenen und bekannten Hilfsmitteln wie Tafel, Flipchart, Stellwand, Overheadprojektor (OHP), Beamer und Laptop, konzentrieren wir uns im Folgenden auch auf die weniger bekannten technischen Hilfsmittel (interaktives) Whiteboard, Papershow und Grafiktablett, die in besonderem Maße die Interaktivität zwischen Lehrenden und Lernenden fördern, da sie gemeinsam mit den Lernenden in entwickelnder Veranschaulichung von Lehr-Lern-Inhalten genutzt werden können.

4.3.1 Medien und Technik

Medien, gerade die technischen Anwendungen, bergen neben den im Folgenden noch zu nennenden Vorteilen das Risiko, von Störfaktoren beeinträchtigt zu werden. Diese Störungen können sein:

- Geräte, die nicht selbsterklärend funktionieren, sondern einer umfangreicheren Einarbeitung bedürfen,
- mangelnde Vorbereitung auf Alternativen, sollte die Technik ausfallen,
- Stromausfall,
- nicht funktionierende oder in zu geringer Anzahl vorhandene Steckdosen und entsprechende Kabel oder Zusatz-Geräte.

Allerdings kann und sollte im Vorfeld mit den Verantwortlichen für die Räumlichkeiten der Lehr-Lern-Veranstaltung geklärt werden, wie die konkreten technischen Gegebenheiten sind und welche Medien in welcher Qualität vorhanden sind. Im Folgenden schlagen wir anhand einer Checkliste vor, was in einem Telefonat und/oder bei der Sichtung der Räumlichkeiten geprüft werden sollte:

CHECKLISTE 4

Medien und Technik

Prüfen Sie rechtzeitig vor Beginn der Veranstaltung folgende Dinge:

- Anzahl und Größe der zur Verfügung stehenden Räumlichkeiten,
- Anzahl und Platzierung der Fenster in den Räumlichkeiten,
- Anzahl und Platzierung funktionstüchtiger Steckdosen,
- Anzahl, Beschaffenheit, Funktionstüchtigkeit und vorhandene Bedienungsanleitung nutzbarer Medien,
- Anzahl und Funktionstüchtigkeit von Zusatzmaterial für Lehrende und Lernende (s. Übersicht Medien und Zusatzmaterial),
- Entfernung der hintersten Stuhlreihe zum entferntest stehenden Visualisierungs-Medium und zur entferntesten Projektionsfläche der Visualisierung.

Sie sollten zum einen genügend Zeit vor Beginn der Lehr-Lern-Veranstaltung einräumen, um zu testen, ob die Medien seit der Absprache oder Sichtung immer noch funktionstüchtig sind. Zum anderen ist es vorteilhaft, im Vorfeld Alternativen einzuplanen, indem Sie dafür sorgen, den zu veranschaulichenden Lehr-Lern-Gegenstand auch ohne technisches Hilfsmittel präsentieren zu können – etwa durch die Darstellung auf einem Flipchart-Papier oder Poster. Auch hierfür sollte geklärt sein, ob die benötigten Materialien vorhanden sind, oder diese sollten mitgebracht werden (z.B. verschiedenfarbige Stifte, ausreichende Menge an Flipchart-Papier).

4.3.2 Medien und Zusatzmaterial

Bevor wir uns nun den Kriterien zur Auswahl von Medien widmen, sei auf das Zusatzmaterial verwiesen, welches wir zur Mediennutzung benötigen. Auch das Zusatzmaterial verlangt eine hohe Qualität und regelmäßige Wartung bzw. Sicherstellung. Gleichzeitig führen wir diejenigen Medien ein, die wir anschließend näher beleuchten. Zu jedem Medium machen wir auf potenzielle Störfaktoren aufmerksam.

Tafel und Whiteboard

Die klassische Schreib- oder Schiefertafel gibt es in dieser Form am längsten von allen genannten Medien, und zwar seit dem frühen 19. Jahrhundert, wenngleich Vorformen aus Stein oder Ton seit der Antike überliefert sind. Papier- und Karteikarten-Nutzung gab es in verschiedenen Formen und in verschiedenen Bildungsinstitutionen auch schon seit langer Zeit. Die Tafel wirkt vergleichsweise „klassisch“ und wird bis heute mit der Institution Schule assoziiert und ist daher bei manchen Lernenden mit negativen Erinnerungen verbunden. Der Einsatz einer Tafel kann durchaus Assoziationen mit sich bringen, die nachteilig auf den Lernprozess wirken. Vor allem wenn die Lernenden selbst die Tafel nutzen sollen, so lösen die Beschaffenheit der Kreide, der Geruch und das Geräusch von Kreide negative Assoziationen aus. Es sind aber ebenso positive Assoziationen denkbar, wie z.B. frühere Lernspiele.

Das Whiteboard ist vergleichsweise modern, allerdings assoziationsfrei, und mit Blick auf die technischen Voraussetzungen nicht immer problemlos einsetzbar.

Folgenden Aspekten sollte Aufmerksamkeit gewidmet werden:

- **Kreide:** verschiedene Farben nutzbar, am besten weiß – kann nass sein und ist dann schlecht zu erkennen
- **Schwamm:** spezielles Material für Tafeln verwenden – kann bei ungeeignetem Material schmierigen Untergrund hinterlassen
- **Whiteboard-Stifte:** schwarz, blau, rot, grün zu nutzen – können leer sein bzw. schlecht schreiben
- **Spezielles Wischtuch:** spezielles Material für Whiteboards verwenden – kann bei ungeeignetem Material schmierigen Untergrund hinterlassen

Flipchart

Ein Flipchart besteht aus einer großen Metallplatte auf einem dreibeinigen, z.T. mit Rollen versehenen Ständer. Das Flipchart-Papier (blanko oder kariert, ca. 100 cm x 70 cm) wird in Form eines Blocks oben an der Metallplatte an einer speziellen Halterung aufgehängt und festgeklemmt. Aufgrund des Materials (Metall) sind Flipcharts in der Regel zudem magnetisch, so dass Materialien alternativ mit Magneten befestigt werden können.

Flipcharts eigenen sich zu einer interaktiven Erarbeitung der Inhalte mit den Lernenden. Ergebnisse werden mithilfe von Filzstiften direkt festgehalten und können durch Diagramme, Zeichnungen, Skizzen u.Ä. ergänzt werden. Beschriebene Seiten können entweder nach hinten umgeklappt oder im Raum aufgehängt werden. In letzterem Fall bleiben die bereits erarbeiteten Inhalte während des gesamten Lernprozesses sichtbar.

- **Stifte:** schwarz, blau, rot, grün zu nutzen – können leer sein bzw. schlecht schreiben
- **Flipchart-Papier:** ausreichende Menge gewährleisten – kann bereits einseitig beschrieben sein und dann schlechte Bildqualität schaffen

Moderations-, Pinn- und Stellwand

Moderations-, Pinn- und Stellwände bestehen aus einer gerahmten, teilweise mit einem Stoff bezogenen Hartschaumplatte und zwei seitlich befestigten Beinen (z.T. mit Rollen). Die Beschaffenheit der Wände ermöglicht ein leichtes Anpinnen von Materialien mithilfe von Pinnnägeln, so dass Moderations-, Pinn- und Stellwände sowohl zur Präsentation bereits vorliegender Ergebnisse als auch zur Erarbeitung von Inhalten während des Lernprozesses genutzt werden können. Moderationswände gibt es sowohl einteilig als auch in portabler, d.h. klappbarer Form, während Stellwände in der Regel aus mehreren, miteinander verbundenen Moderationswänden bestehen.

- **Stifte:** schwarz, blau, rot, grün zu nutzen – können leer sein bzw. schlecht schreiben
- **Poster-/Flipchart-Papier:** sollte groß genug für Vorhaben sein
- **Karteikarten**: ausreichende Menge und verschiedene Formen gewährleisten
- **Pinnnägel:** ausreichende Menge gewährleisten

Overheadprojektor (OHP)

Mithilfe eines Overheadprojektors, auch Tageslichtprojektor genannt, werden Inhalte von einer transparenten Folie vergrößert auf eine Leinwand projiziert. Dabei wird die Folie auf eine von unten beleuchtete Fläche gelegt. Der Lichtstrahl wird durch einen über der Fläche befestigten Spiegel auf die Leinwand umgelenkt. Die Folien können im Vorfeld beschriftet oder bedruckt werden oder im Rahmen des Lernprozesses mit Texten oder Grafiken versehen werden. Neben einzelnen Folien gibt es auch Folien auf einer Rolle, die fortlaufend beschrieben werden können.

- **OHP-Stifte:** schwarz, blau, rot, grün zu nutzen – können leer sein bzw. schlecht schreiben
- **OHP-Folien:** ausreichende Menge gewährleisten

Beamer (in Verbindung mit den folgenden Medien)

Ein Beamer ist ein Projektor, der Bilder aus einem PC, Laptop oder DVD-Player vergrößert auf eine Leinwand projiziert.

- **Stromzufuhr:** siehe Checkliste 3 (Medien und Technik)
- **Komptabilität** mit anderen zu nutzenden Medien prüfen

Laptop

Ein Laptop oder Notebook ist ein portabler Computer, der mithilfe eines Akkus unabhängig von einer regelmäßigen Stromzufuhr einsetzbar ist.

- **Kabel** zur Verbindung mit Beamer: insbesondere Kompatibilität der Stecker prüfen
- **PowerPoint-Programm:** Komptabilität mit anderen zu nutzenden Medien prüfen, unter verschiedenen Versionen auf USB-Stick abspeichern
- **Sonstige Software:** s.o.
- **USB-Stick:** für ausreichenden Speicherplatz sorgen (z.B. für Dokumente, Filme und Fotos)
- **DVDs:** prüfen, ob selbst erstellte überall laufen bzw. immer lesbar sind
- Integrierte **Lautsprecher-Boxen:** Lautstärke sichern – kann nicht laut genug für Raumgröße bzw. entferntesten Sitzplatz und Zielgruppe sein
- Externe **Lautsprecher-Boxen:** s.o. – sind nicht immer kompatibel

Digitalkamera

Eine Digitalkamera speichert die erstellten Fotos auf einem digitalen Speichermedium (Speicherkarte), während eine analoge Kamera diese auf einem Film abbildet. Die Fotos müssen somit nicht entwickelt werden, sondern können mithilfe eines Datenkabels oder eines Kartenlesers in den PC übertragen und dort weiterbearbeitet werden.

- Kabel zur Verbindung mit Laptop und/oder Fernseher oder mit Karte Daten übertragen
- **Digitalkamera** für Fotos und Filme: Auflösung so einstellen, dass sie per E-Mail verschickbar sind, Datum und Uhrzeit einstellen
- **Akkus:** voll laden, ggf. zweites Exemplar mitbringen – kann leer sein
- **Akkuladegerät:** braucht weitere Steckdose

  Beamer: Funktion testen

Papershow

Papershow gilt als eine Art digitales Flipchart. Alle Darstellungswerkzeuge sind jederzeit verfügbar und können von Lehrenden wie Lernenden abwechselnd in Zusammenarbeit genutzt werden. Maximale Reichweite vom Stift zum Computer beträgt zehn Meter. Über ein intuitiv zu bedienendes Menü können Farben, Formen und Akzente auf dem Papier eingestellt werden. Das Geschriebene und/oder Gestaltete wird sofort für alle lesbar und ist als PDF speicher- und verschickbar. Da die Software nicht vorab installiert werden muss, ist Papershow sofort einsetzbar und setzt sich folgendermaßen zusammen:

- **Stift:** digitaler Bluetooth-Stift für Papershow mit eingebauter Kamera, Ersatzminen, zusätzliche Farben erhältlich – Tintenmine kann leer sein, Batterie kann leer sein, Abstand zum Bluetooth-Empfänger kann zu groß sein
- Gerastertes **Spezialpapier:** Interaktiver Block für Papershow – Anzahl kann unzureichend sein, Druck auf Spezialpapier kann nur mit Farbdrucker erfolgen
- **USB-Stick:** Bluetooth-USB-Stick mit integrierter Papershow-Software – Visualisierungssoftware kann mit Betriebssystem nicht kompatibel sein, Speicherplatz auf USB-Bluetooth-Empfänger kann unzureichend sein
- **Batterie:** prüfen, neues bzw. zweites Exemplar mitbringen – kann leer sein

Zusätzlich werden benötigt:

- **Laptop/Computer:** Zu importierende Dokumente liegen ggf. nicht in unterstütztem Format vor
- **Beamer**

Grafiktablett

Die Spule im Stift erzeugt ein gerichtetes elektromagnetisches Feld. Durch den Mechanismus im Tablett wird die Stiftposition ermittelt. Stiftdruck und/oder Tastendruck am Stift werden an den Rechner übermittelt. Als besonders vorteilhaft gilt die große Genauigkeit beim Schreiben, Malen, Zeichnen und Gestalten durch die absolute Positionierung anhand des Spezialstiftes oder ähnlicher Werkzeuge. Auch kann die Druckintensität gesteuert werden. Grafiktabletts können neben vielfältiger Anwendung innerhalb von Weiterbildungen vorort und im virtuellen Klassenzimmer für digitale Bildbearbeitung, digitales Malen, Design, Audio- und Videobearbeitung und 3D-Computergrafik genutzt werden.

- **Stift** für Grafiktablett: benötigt Batterie oder wird durch Induktion aus dem Tablett versorgt – kann schnell abgenutzt werden wenn auf häufig genutzten Stellen des Bildschirms/Tabletts verwendet
- **Puck:** als Alternative zum Stift, wie Computermaus über das Tablett zu bewegen
- **Touchscreens:** Stift (s.o.) oder andere Objekte, Finger-Berührung
- **Tablett-PCs:** Größe der Fläche kann zu klein für Umfang des zu Gestaltenden sein, größere Grafiktabletts können zu viel Raum auf dem Tisch beanspruchen, Oberfläche kann schnell zerkratzt werden, wenn bestimmte Stellen zu oft beansprucht werden
- **Software/Programme:** Bestimmte Programme, etwa bei Spielen, können das Verhalten der Maus beeinflussen und nicht richtig funktionieren
- **Beamer**

Interaktive Whiteboards

Mit interaktiven Whiteboards können wir Lerngegenstände während einer Lehr-Lern-Veranstaltung verändern, ergänzen und abspeichern. Diese können dann ausgedruckt oder per E-Mail verschickt werden. Hiermit können wir elektronische Dokumente, Video- und Audiosequenzen sowie Internetressourcen in die Lehr-Lern-Situation einbinden. Dafür gibt es zu installierende, höhenverstellbare Whiteboards oder auch mobile Lösungen. Die Eingabe bzw. das Schreiben oder Malen auf den Whiteboards erfolgt je nach Whiteboard-Variante mit einem speziellem Stift oder Finger.

Da es verschiedene Arten von interaktiven Whiteboards gibt, welche sich einerseits in der Hardware und andererseits in der mitgelieferten Software unterscheiden, sprich dem Funktionsumfang, können an dieser Stelle keine einheitlich geltenden Aussagen zu Beschaffenheit und Zusatzmaterial getroffen werden. Im Detail wird bei den Varianten unterschieden bezüglich der Art der Bedienung, der Auflösung und der Robustheit. Die Bedienungs- und Anwendungsmöglichkeiten können auch je nach Hersteller variieren. Aus diesen Gründen wird in den *Ergänzungen* verdeutlicht, inwieweit die jeweils fokussierten Kriterien für interaktive Whiteboards gelten.

4.3.3 Kriterien zur Medienauswahl

Im Folgenden widmen wir uns den Aspekten, die wir in der Konzeption, Planung, Vorbereitung und Durchführung unserer Lehr-Lern-Veranstaltungen für besonders relevant halten. Wir beziehen uns dabei auf sogenannte Präsenzveranstaltungen, die wir face-to-face, das heißt im direkten Kontakt mit den Lernenden durchführen, sei es in regelmäßigem Turnus oder als Kompaktveranstaltungen.

Den Beamer werden wir im Folgenden nicht auflisten. Mit ihm wird nicht unmittelbar visualisiert, sondern er wird nur als Unterstützung benutzt. Zu bedenken ist dabei, dass alle Medien, deren Einsatz von der Verbindung mit dem Beamer abhängig (Laptop, Digitalkamera, Papershow, Grafiktablett und interaktives Whiteboard) sind, nicht genutzt werden können, wenn dieser nicht funktioniert.

Die Kriterien zur Auswahl verschiedener Medien und Materialien zur Visualisierung lassen sich unterschiedlich strukturieren und veranschaulichen. Wir fokussieren im Folgenden auf die Aspekte, die uns als zentral für die Konzeption, Planung und Durchführung von Lehr-Lern-Veranstaltungen und die Visualisierung von Lerngegenständen erscheinen. Wenn wir wissen, welche Medien uns zur Verfügung stehen, können wir entscheiden, was wir mit welchen Zielen und Inhalten auf welche Art visualisieren möchten und können dann die Vorteile einzelner Medien nutzen – jedes für sich und in Abstimmung miteinander.

Der Überblick auf Seite 64 dient als Beispiel für eine Visualisierung. Wir demonstrieren hier eine mögliche Form und Struktur, mit der Inhalte erfassbar sind und auf einen Blick veranschaulicht werden können. Dabei stehen links die zu beachtenden Aspekte und rechts die hierfür nutzbaren Medien.

Zusätzlich zu den in der Tabelle 5 genannten Kriterien wollen wir auf weitere Aspekte hinweisen und diesen jeweils geeignete Medien zuordnen:

Vorbereitung außerhalb des Lehr-Lern-Ortes möglich
Für den Einsatz von Papershow und Grafiktabletts kann in der Vorbereitung überlegt werden, welche Darstellungsform bzw. Methode zur Visualisierung (➔Kap. 4.4) hierfür geeignet scheint und eine Vorlage auf Papier skizziert werden. Für die Nutzung interaktiver Whiteboards ist eine Vorbereitung außerhalb des Lehr-Lern-Ortes insofern möglich, als dass das hierauf zu Präsentierende vorbereitet werden kann (z.B. in Form einer PowerPoint-Präsentation). Für die anderen Medien gilt, dass sie nur vorher genutzt werden können, wenn sie vorher zugänglich sind (wie z.B. Flipchart-Papier). Es kann vorteilhaft sein, manche Darstellungen bzw. Veranschaulichungen vorher mit Ruhe zu entwickeln und die Qualität hierdurch zu gewährleisten.

Direkte Wiederverwertbarkeit
Zur Wiederverwertbarkeit muss eine gute Qualität des erstellten Produkts gegeben sein. Flipchart-Papiere, Poster, Karteikarten und anderes beschriftetes Material können bei guter Qualität wiederverwendet werden. Fotos

und Filme können selbst erstellt werden und daraufhin wiederverwertet werden.

Direkt mit den Lernenden entwickelnd nutzbar: dynamisch
Es kann besonders lernförderlich sein, wenn die Lernenden die Visualisierung mit entwickeln. Die gemeinsame Visualisierung veranschaulicht den stattfindenden Kommunikationsprozess und den gemeinsamen Lernweg.
Ergänzungen und Umstrukturierungen leicht hinzuzufügen
Ergänzungen können bei manchen Medien sehr unübersichtlich wirken und somit die Qualität beeinträchtigen. Wegwischen und neu schreiben mindert die Qualität und Erkennbarkeit ebenso wie das Hinzufügen von Einschüben. Bei anderen Medien sind entsprechende Maßnahmen gut möglich und sogar speziell dafür vorgesehen: z.B. Clustern mit Karteikarten, z.B. auf Stellwand oder Poster sowie Papershow, Grafiktablett und interaktives Whiteboard.

Für Gruppenarbeit geeignet
Sollten mehrere Kleingruppen gleichzeitig mit Papershow, Grafiktablett oder interaktivem Whiteboard arbeiten, müssten mehrere von jedem Exemplar gegeben sein. Bei E-Learning oder Blended-Learning-Szenarien sind Laptops und sämtliche Software sehr wohl für Gruppenarbeit zu nutzen: Chats, Forum etc.

Gesamte Lehr-Lern-Zeit über präsent
Die Darstellung des Zeitplans und der Struktur des Lehr-Lern-Settings über die gesamte Zeitspanne kann vorteilhaft für die Lernenden sein. Es kann dabei auf eine etwaige Flexibilität im Plan verwiesen werden. Diese ist mit den Lernenden gemeinsam einlösbar, wenn der Plan die ganze Zeit über zu sehen ist. Zusätzlich bietet es sich an, Vereinbarungen zum gemeinsam Arbeiten, z.B. Feedback-Regeln, sichtbar zu halten. Dies ist mit stromabhängigen Medien schwierig, wenn diese nicht ohne Pause eingeschaltet sein sollen. Die jeweils verwendeten Medien sollten immer nur zur Darstellung *eines* Inhalts eingeplant sein. Bei manchen Inhalten kann es vorteilhaft sein, wenn sie nicht ständig einsehbar sind (z.B. bei einer Wissensabfrage:

Tafel zudeckbar, Flipchart umdrehbar, Poster ab- und umdrehbar, Wand umdrehbar, Laptop und andere beamerverbundenen Medien aus- und wieder einschaltbar haben).

4.3.4 Visualisieren um des Visualisierens willens?

Wir sind der Auffassung, Visualisierungen sollten dosiert eingesetzt werden. Auch Präsentationen ohne Visualisierung können gelungen sein, Interesse wecken und die Aufmerksamkeit aufrechterhalten. Hier kommt es dann auf die bewusst eingesetzte Rhetorik, also die Kunst der Rede, an. Diese sollte sprachliche Bilder und bewusst gesetzte Mimik und Gestik enthalten. Da aber nicht alle Lehrenden rhetorisch geübte Referenten sind, konzentrieren wir uns auf weitere, über die Rhetorik hinausgehende Mittel der Visualisierung.

Was die viel gepriesene Präsentationsform PowerPoint angeht, möchten wir auf Folgendes hinweisen: Während es einerseits nicht wegzudenken scheint, PowerPoint als Präsentationssoftware einzusetzen und viele Lehrende wie Lernende darauf pochen, dies müsse immer Bestandteil einer Präsentation bzw. einer Lehr-Lern-Veranstaltung sein, kommt es auch hier darauf an, wie und zu welchem Zweck PowerPoint eingesetzt wird. Sinnvoll kann es sein, diese Präsentationsform zur visualisierten Strukturierung von Inhalten und zur strukturierten Vorgehensweise bei der Erörterung eines Themas einzusetzen. Hier könnte aber genauso gut eine andere Form der Visualisierung erfolgen (z.B. per Flipchart oder mit den anderen vorab beschriebenen Medien und Materialien).

Neben den bis hierher genannten Medien wollen wir abschließend noch auf gegenständliche Hilfsmittel verweisen, die uns im Alltag begegnen: Lebensmittel wie Obst oder Eier können zur Veranschaulichung ebenso genutzt werden wie andere Materialien, z.B. Steine, Stöcke, Pflanzen. Zudem findet sich eine Vielzahl von veranschaulichenden Gestaltungsmitteln aus dem kreativ-künstlerischen Bereich: Dinge, die zu sehen sind, zu berühren sind, zu hören, zu riechen oder zu schmecken sind. Solche alltäglichen Dinge können hier zu lebendigen, anschaulichen Gegenständen des Lehrens und Lernens werden.

Medium	Medium
Vorbereitung außerhalb des Lehr-Lern-Ortes möglich	
gehört i.d.R. zum Inventar vor Ort	
PKW-transportabel	
braucht keinen Strom	
ohne technische Anleitung bedienbar	
nicht durch Qualität des Zusatzmaterials beeinflusst	
direkte Ergebnissicherung: Kopieren u./o. verschicken	
direkte Wiederverwertbarkeit	
direkt mit den Lernenden entwickelnd nutzbar: dynamisch	
Ergänzungen, Umstrukturierungen leicht hinzuzufügen	
für Gruppenarbeit geeignet	
Blickkontakt während Nutzung	
keine Projektionsfläche notwendig	
nimmt kaum Platz im Raum ein	
gesamte Lehr-Lern-Zeit überpräsent	
Qualität unabhängig von Handschrift	
Höhe der Beschriftungsfläche zum Boden einstellbar	

Tabelle 5: Kriterien zur Medienauswahl

4.4 Kreative Darstellungsformen und Methoden

Wir werden im Folgenden auf Basis der bisher diskutierten theoretischen Modelle und didaktischen Überlegungen verschiedene Darstellungsformen und Methoden der Visualisierung präsentieren. Doch zunächst wollen wir ein Raster vorstellen, mit dessen Hilfe die verschiedenen Visualisierungsformen verständlich gemacht und für die praktische Umsetzung transparent werden sollen.

Wir haben uns für diese systematische Form der Darstellung entschieden, um einen möglichst umfassenden, dabei aber auch komprimierten Überblick über verschiedene kreative Darstellungsformen und Methoden zu geben und diese im Hinblick auf den jeweiligen Lernprozess zu erläutern. Auf eine Kategorisierung nach Phasen im Seminarplan, nach inhaltlichen Lernzielen oder Materialien und Medien etc. haben wir bewusst verzichtet und uns für eine alphabetische Auflistung entschieden. Als Ergänzung zur deskriptiven Erläuterung bieten wir jeweils eine visualisierte Form der Darstellung. Diese kann vom Leser als Beispiel gesehen oder als Vorlage für eigene Visualisierungen genutzt werden.

Zielsetzung

Lehrende wählen bei der Planung des Lehr-Lern-Settings eine kreative Darstellungsform und Methode im Hinblick auf eine Zielsetzung aus. Wir nennen im Folgenden Zielsetzungen, für welche sich die jeweilige Visualisierung eignet, jedoch können auch anderweitige Ziele angestrebt und erreicht werden.

Kombinationsmöglichkeiten

Methoden stehen im Lehr-Lern-Setting in der Regel nicht für sich allein, sondern sind mit anderen Methoden verwoben. An dieser Stelle geben wir einen Hinweis auf Darstellungsformen und Methoden, welche mit der genannten kombiniert bzw. ergänzt werden können. Die überwiegende Anzahl der komplementären Methoden wird im jeweiligen Kapitel auch beschrieben; die wenigen weiteren sind aus der einschlägigen Literatur bekannt oder können im Internet recherchiert werden. Wir verweisen zudem immer auf die weiterführende Literatur.

Rolle von Lehrenden und Lernenden

Zu einem lernförderlichen Einsatz von Methoden sollte immer ein für die Lernenden transparentes Vorgehen vonseiten der Lehrenden gehören. In der Praxis steht bei der Durchführung jeder kreativen Darstellungsform und Methode am Anfang also zunächst die Erläuterung der Methode und der benötigten Materialien. Darüber hinaus sollten die Lehrenden über Gestaltungselemente, Kompositionsregeln sowie über das Zeitmanagement informieren. Lehrende und Lernende stellen im Anschluss sicher, dass die Aufgabenstellung von allen Teilnehmenden verstanden wurde. Während der Durchführung besteht die Aufgabe der Lehrenden darin, flexibel auf den Fortgang des Lernprozesses (z.B. in Bezug auf gruppendynamische Prozesse) zu reagieren, d.h. den Lernprozess offensiv zu begleiten und zu fördern. Am Ende ziehen die Lehrenden ein Fazit: Je nach Zielsetzung kann dieses inhaltlicher, methodischer oder auch persönlicher Natur sein. Auch die Lernenden können je nach Zielsetzung zu einem Feedback aufgefordert werden. Dieses kann sich auf die Methode an sich oder auf die Leistungen einzelner anderer Lernender (z.B. Ergebnispräsentation) beziehen.

Gestaltungselemente und Kompositionsregeln

Zu einer lernförderlichen Visualisierung gehört die Berücksichtigung der in den Kapiteln 4.1 und 4.2 vorgestellten Gestaltungselemente und Kompositionsregeln. Wir unterscheiden im Folgenden zwischen Darstellungsformen und Methoden:

- welche mit fertigem Material arbeiten,
- bei denen vor allem die Lehrenden für eine lernförderliche Visualisierung sorgen,
- bei denen vorrangig die Lernenden gestalterisch tätig werden und Visualisierungen erstellen.

Im Rahmen der Vorstellung der kreativen Darstellungsformen und Methoden benennen wir jeweils kurz die relevanten Gestaltungsmerkmale und Kompositionsregeln und möchten auf die entsprechenden Ausführungen in den Kapiteln 4.1 und 4.2 sowie die dort bereitgestellten Checklisten 2 und 3 zur Visualisierung verweisen.

Letztere können beispielsweise als Handreichung für die Lernenden bei der Umsetzung der kreativen Darstellungsformen und Methoden genutzt werden.

Variation

Hier gehen wir bei einigen Methoden auf Variationsmöglichkeiten in der Durchführung der Darstellungsform und Methode ein. Diese beziehen sich teilweise nur auf kleinere Abwandlungen, teilweise stellen sie auch umfangreichere Alternativen dar.

Gruppengröße/Sozialform

Hier geben wir Hinweise, für welche Gruppengröße und Sozialform sich die jeweilige Methode eignet. Die Plenumsgröße kann häufig als relativ variabel gesehen werden, bei großen Gruppen bietet es sich jedoch an, diese in zwei oder mehrere Untergruppen aufzuteilen oder Partner- bzw. Kleingruppenarbeiten durchzuführen. Je nach räumlichen Gegebenheiten geben wir darüber hinaus zu bedenken, die Sitzordnung den Zielen und Inhalten anpassen (teilweise ist z.B. ein geschlossener Stuhlkreis sinnvoll).

Zeitraum

Ein vorab festgelegter und für alle am Lehr-Lern-Prozess Beteiligten transparenter Zeitraum für die Durchführung einer Methode kann für eine entspannte Lernatmosphäre sorgen. Eine solche explizite Begrenzung hilft sowohl Lehrenden als auch Lernenden bei der Strukturierung des Lehr-Lern-Prozesses. Die im Folgenden genannten Zeiträume basieren auf unseren Erfahrungen und sind als Richtwerte zu sehen, die je nach Thema, Gruppengröße und anderen Faktoren variieren können. Die Lehrenden fungieren in der Regel als Zeitwächter. Es sollte im Vorfeld genügend Zeit für die einzelnen Arbeitsphasen (z.B. Erarbeitung des Themas, Erstellung der Visualisierung, Präsentation der Ergebnisse) eingeplant werden. Der Zeitraum für die Präsentationen sollte jedoch insgesamt nicht zu lang sein, um die Lernenden nicht in eine passiv-rezeptive Haltung verfallen zu lassen.

Medien/Materialien

Die Bereitstellung geeigneter Medien und Materialien gehört zur Vorbereitung durch die Lehrenden. Die vorgestellten Darstellungsformen unterscheiden sind vor allem in Bezug auf das benötigte Material insofern, als dass dieses zum Teil im Vorfeld von den Lehrenden nicht nur beschafft, sondern auch erstellt werden muss, in anderen Fällen im Verlaufe des Lehr-Lern-Prozesses von den Lernenden selbst erstellt wird. Zusätzlich zu den jeweils genannten Materialien wird Material zum Aufhängen, Ankleben oder Anpinnen der Ergebnisse sowie ggf. eine Kamera zur Ergebnissicherung benötigt. Haben wir uns jeweils für ein Medium entschieden, kann dieses aber auch variiert werden. Hinsichtlich der Medien haben wir uns je nach Darstellungsmethode für ein Medium entschieden, welches aus unserer Sicht am praktikabelsten erscheint. Eine Variation ist diesbezüglich dennoch möglich.

Realitätsprüfung

Die Realitätsprüfung gibt unter anderem Auskunft darüber, an welcher Stelle in der Durchführung Probleme oder Schwierigkeiten auftreten könnten. Bei allen Methoden empfehlen wir, genau abzuwägen, inwiefern diese für die jeweilige Zielgruppe geeignet sein könnte. Wir geben zu bedenken, dass einzelne Fachkulturen stark gestalterisch orientierten Methoden ablehnend gegenüberstehen könnten.

4.4.1 Bilder malen

Zielsetzung

Kennenlernen; Vertrauen aufbauen; Atmosphäre auflockern; in ein Thema einsteigen; Wissen aktivieren; an Erfahrungen anknüpfen; Gefühle wahrnehmen; Bewusstsein fördern und erweitern; Ideen, Wünsche, Erwartungen, Visionen, Gefühle äußern/sammeln; Ergebnisse präsentieren; Reflektieren; Perspektivenvielfalt fördern; Diskussion anregen; Phantasie anregen; Entspannung anregen; ruhige Atmosphäre schaffen

Kombinationsmöglichkeiten

vorher: Brainstorming, im Rahmen von Vernissage

Rolle der Lehrenden und Lernenden

- Lehrende geben ein Thema vor
- Lernende erstellen in Kleingruppen ein gemeinsames Bild, in das ihre Ideen, Vorstellungen und Vorkenntnisse einfließen
- Lehrende relativieren Anspruch der Lernenden an ihr Bild/ihre gestalterischen Fähigkeiten
- Lernende präsentieren ihr Bild im Plenum

Gestaltungselemente

- Schrift
- Farbe
- Symbole
- Bilder/Cartoons/Illustrationen

Kompositionsregeln

- Aufteilung
- Anordnung
- Hervorhebung
- Gestalt

Gruppengröße/Sozialform

- Einzelarbeit
- Partnerarbeit
- Gruppenarbeit
- Plenum

Zeitraum

- Malen: bis zu 15 Minuten
- Präsentieren: bis zu drei Minuten pro Bild

Medien/Material

- Moderationswand
- Papierform
- Stifte
- Mal-Utensilien

Realitätsprüfung

Auf gestalterische Fertigkeiten der Lernenden achten, um Frustration zu vermeiden. Mögliche fachkulturspezifisch bedingte, geringe Akzeptanz von gestalterischen Methoden berücksichtigen

„Visualisierung ist für mich …

… ein Regenbogen aus Farben." … ein Buch mit sieben Siegeln." … Do's and Don'ts."

Abbildung 12: Bilder malen

4.4.2 Bildpostkarten und Fotos deuten

Zielsetzung

Kennenlernen; Atmosphäre auflockern; in ein Thema einsteigen; Wissen aktivieren; an Erfahrungen anknüpfen; Gefühle wahrnehmen; Bewusstsein fördern und erweitern; Informationen, Ideen, Themen, Vorschläge, Wünsche, Erwartungen, Visionen, Lösungsansätze, Gefühle äußern/sammeln; Evaluieren; Feedback geben und nehmen; Reflektieren; Perspektivenvielfalt fördern; Positionieren

Kombinationsmöglichkeiten

gleichzeitig: Brainstorming, Gruppenpuzzle, wachsende Gruppe, Think-Pair-Share, Murmelgruppen, Speed Dating/Cocktail-Party

Rolle der Lehrenden und Lernenden

- Lehrende besorgen Bildpostkarten und/oder Fotos, legen diese aus oder hängen sie auf
- Lehrende visualisieren hierzu Aufgabenstellung/Fragestellung und Modus, wie aufkommende Assoziationen kommuniziert werden sollen: nennen oder aufschreiben, allein, zu zweit, in Gruppen oder Plenum
- Lernende sichten Bilder und nennen/sammeln entsprechend ihre Assoziationen
- Lehrende fassen Ergebnis zusammen und setzen es zu aktuellem Thema in Bezug

Gestaltungselemente

- Bilder/Cartoons/Illustrationen (für Lehrende)

Variation

- Lehrende kleben Bildpostkarten/Fotos auf beschreibbaren Untergrund, Lernende notieren ihre Assoziation um das Bild/Foto herum, zu nur einem Bild/Foto oder zu mehreren/allen, die auf Tischen ausgebreitet werden, sprechen zu zweit, in Gruppen und/oder im Plenum über Assoziationen

- Lehrende geben Aufgabenstellung, nach welcher sich die Lernenden eine oder mehrere Bildpostkarten/Fotos aussuchen sollen, Lernende suchen sich intuitiv, ohne längeres Nachdenken Bildpostkarten/Fotos aus, besprechen diese dann zu zweit, stellen sich vorher ggf. der anderen Person kurz vor
- Lernende machen Brainstorming zu dem ihnen vorliegenden Bild, mit oder ohne konkrete Aufgabenstellung durch Lehrende, sammeln anschließend im Plenum zusammen mit Lehrenden ihre Assoziationen

Gruppengröße/Sozialform

- Einzelarbeit
- Partnerarbeit
- Gruppenarbeit
- Plenum

Zeitraum

- bis zu 20 Minuten

Medien/Material

- Moderationswand
- Papierform
- evtl. Moderationskarten
- Stifte
- Bildpostkarten
- Fotos

Realitätsprüfung

Auf Menge der auszuwählenden Karten im Verhältnis zur Gruppengröße, Variationsbreite und Aussagekraft achten

Abbildung 13: Bildpostkarten und Fotos deuten (© Jens Winkelmann)

4.4.3 Bisoziation

Zielsetzung

Wissen anwenden; an Erfahrungen anknüpfen; Informationen vernetzen; Reflektieren; Perspektivenvielfalt fördern; Diskussion anregen; Phantasie anregen

Rolle der Lehrenden und Lernenden

- Lehrende formulieren ein Problem als Fragestellung und visualisieren diese frei im Raum
- Lehrende legen Bilder, Fotos, Gemälde, Zeichnungen ohne Bezug zur Fragestellung ebenfalls im Raum aus
- Lernende suchen sich in Kleingruppen spontan je ein Bild etc. aus
- Lernende finden Anknüpfungspunkte und stellen Verbindungen zu Fragestellung her
- Lernende präsentieren das Bild im Plenum durch Beschreibung des Bildes und Zuordnung zur Fragestellung

Gestaltungselemente

- Bilder/Cartoons/Illustrationen (für Lehrende)

Gruppengröße/Sozialform

- Gruppenarbeit
- Plenum

Zeitraum

- Bild auswählen: bis zu zwei Minuten
- Verbindung zum Thema finden: bis zu zehn Minuten
- Vorstellen: bis zu drei Minuten pro Gruppe/Bild

Medien/Material

- Papierform
- Stifte
- Bilder

- Fotos
- Gemälde
- Zeichnungen

Realitätsprüfung

Auf aussagekräftiges Material achten, ausreichend Material zur Verfügung stellen

Abbildung 14: Bisoziation (© Jens Winkelmann)

4.4.4 Brainstorming

Zielsetzung

In ein Thema einsteigen; Wissen aktivieren; an Erfahrungen anknüpfen; Informationen, Ideen, Themen, Vorschläge, Wünsche, Erwartungen, Visionen, Lösungsansätze äußern und sammeln; Perspektivenvielfalt fördern; Diskussion anregen; Fokussieren

Kombinationsmöglichkeiten

nachher: Kartenabfrage, Clustering, Mindmapping

Rolle der Lehrenden und Lernenden

- Lehrende visualisieren den Gegenstand des Themas
- Lernende finden Assoziationen und äußern diese im Plenum
- Lehrende halten Assoziationen auf Zuruf in Stichworten für alle sichtbar schriftlich fest
- Keine Sortierung/Bewertung/Kritik vornehmen, so viel wie möglich sammeln
- Genannte Assoziationen können zu weiteren Assoziationen führen

Gestaltungselemente

- Schrift
- Farbe

Kompositionsregeln

- Anordnung
- Hervorhebung
- Gestalt

Variation

- Lernende notieren Assoziationen in Stichworten in Einzelarbeit
- Lernende nennen Assoziationen in Partner-/Gruppenarbeit, später im Plenum

Gruppengröße/Sozialform

- Einzelarbeit
- Partnerarbeit
- Gruppenarbeit
- Plenum

Zeitraum

- bis zu zehn Minuten

Medien/Material

- Flipchart
- Stifte

Realitätsprüfung

Auf ausreichend Zeit zum Assoziieren und wertschätzende Atmosphäre in der Lerngruppe achten: alle Beiträge unkommentiert annehmen

Visualisieren

- Bilder erzeugen
- visuelles Denken
- Bilder statt Worte
- Farben und Formen
- innere Bilder
- Veranschaulichen
- Mindmaps
- vom Text zum Bild

Abbildung 15: Brainstorming

4.4.5 Clustering

Zielsetzung

In ein Thema einsteigen; Wissen anwenden; Informationen, Ideen, Themen, Vorschläge, Wünsche, Erwartungen, Visionen, Lösungsansätze kategorisieren/systematisieren/strukturieren; Komplexität darstellen; Informationen vernetzen; Ergebnisse sichern; Ergebnisse präsentieren; Evaluieren; Diskussion anregen; Fokussieren

Kombinationsmöglichkeiten

vorher: Brainstorming und/oder Kartenabfrage, nachher: Diskussion

Rolle der Lehrenden und Lernenden

- Lehrende visualisieren den Gegenstand des Themas
- Lernende pinnen ihre Karten mit Stichworten an oder geben ihre Karten an Lehrende, welche sie anpinnen, und nennen dabei ihre Assoziationen
- Lernende oder Lehrende pinnen die Karten zunächst unsortiert an
- Lehrende und Lernende diskutieren und einigen sich auf eine Struktur, nach der die Assoziationen sortiert/kategorisiert werden sollen
- Lehrende oder Lernende systematisieren die Karten entsprechend und ordnen Dopplungen einander zu
- Lehrende geben Thema zur Zusammenfassung und Diskussion der Ergebnisse vor

Gestaltungselemente

- Schrift
- Farbe

Kompositionsregeln

- Anordnung
- Hervorhebung
- Gestalt

Variation

Lernende clustern ihre Karten mit Assoziationen in Paar- oder Gruppenarbeit, präsentieren und begründen ihre Systematik im Plenum

Gruppengröße/Sozialform

- Einzelarbeit
- Partnerarbeit
- Gruppenarbeit
- Plenum

Zeitraum

- bis zu zehn Minuten

Medien/Material

- Moderationswand
- Moderationskarten

Realitätsprüfung

Für verschiedenste Fachkulturen anwendbar

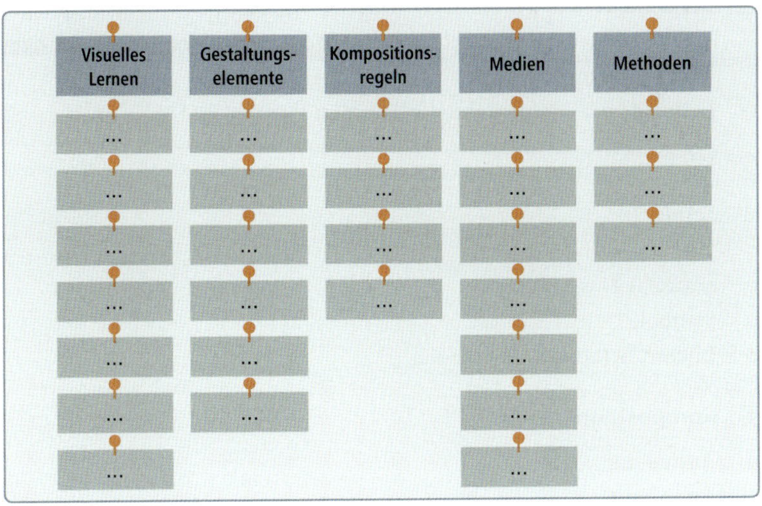

Abbildung 16: Clustering

4.4.6 Collagen

Zielsetzung

Kennenlernen; in ein Thema einsteigen; Wissen aktivieren; Wissen anwenden; an Erfahrungen anknüpfen; Gefühle wahrnehmen; Informationen, Ideen, Themen, Vorschläge, Wünsche, Erwartungen, Visionen, Lösungsansätze, Gefühle äußern/sammeln/strukturieren; Ergebnisse präsentieren; Perspektivenvielfalt fördern; Diskussion anregen; Phantasie anregen; Entspannung anregen; ruhige Atmosphäre schaffen

Kombinationsmöglichkeiten

vorher: Brainstorming, Clustering, nachher: Vernissage, Markt der Möglichkeiten

Rolle der Lehrenden und Lernenden

- Lehrende geben ein Thema/verschiedene Themen/ein Rahmenthema mit mehreren Unterthemen vor
- Lehrende stellen umfangreiches Material (s.u.) zur kreativen Gestaltung zur Verfügung oder sammeln gemeinsam mit Lernenden Material
- Lernende erstellen in Einzel-/Partner-/Gruppenarbeit Collagen zum gewählten Thema, dabei steht die kreative Auseinandersetzung mit dem Thema im Vordergrund
- Lernende präsentieren ihre Collagen im Plenum

Gestaltungselemente

- Schrift
- Farbe
- grafische Darstellung
- Symbole
- Bilder/Cartoons/Illustrationen

Kompositionsregeln

- Aufteilung
- Anordnung

- Hervorhebung
- Gestalt

Variation

Lernende erstellen in Einzelarbeit eine Collage über sich selbst, um sich der Lerngruppe vorzustellen

Gruppengröße/Sozialform

- Einzelarbeit
- Partnerarbeit
- Gruppenarbeit
- Plenum

Zeitraum

- Erstellen: bis zu 20 Minuten
- Präsentieren: bis zu fünf Minuten pro Collage

Medien/Material

- Moderationswand
- Papierform
- Stifte
- Mal-Utensilien
- Scheren
- Klebstoff
- Bilder
- Grafiken
- Fotos
- Symbole
- Postkarten
- Kataloge
- Zeitschriften
- Stoffreste
- Draht
- Schnur

- Wolle
- Filz
- buntes Papier

Realitätsprüfung

Auf gestalterische Fertigkeiten der Lernenden achten, um Frustration zu vermeiden; mögliche fachkulturspezifisch bedingte geringe Akzeptanz von gestalterischen Methoden berücksichtigen

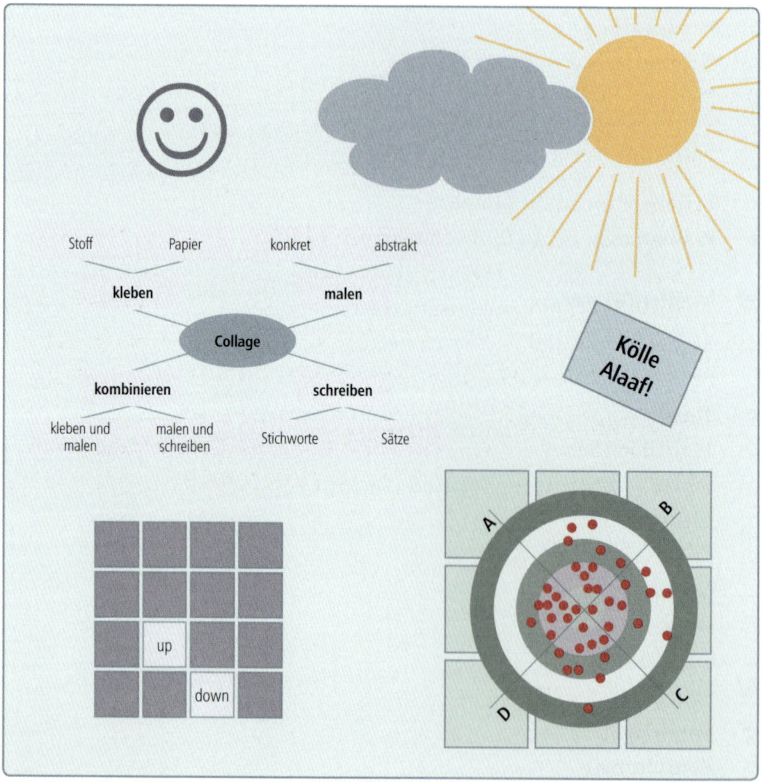

Abbildung 17: Collagen

4.4.7 Feedback-Zielscheibe

Zielsetzung

Gefühle wahrnehmen; Bewusstsein fördern und erweitern; Ideen, Vorschläge, Wünsche, Erwartungen, Gefühle äußern/sammeln/strukturieren; Evaluieren; Feedback geben und nehmen; Reflektieren; kritisches Denken fördern; Positionieren

Kombinationsmöglichkeiten

vorher: andere Feedback-Methoden, Evaluationsmethoden, Punktabfrage

Rolle der Lehrenden und Lernenden

- Lehrende erstellen im Vorfeld Feedback-Zielscheibe PC-gestützt oder handschriftlich: legen vier Dimensionen fest, nach denen Feedback gegeben bzw. evaluiert werden soll und zeichnen diese ein
- Lehrende drucken PC-gestützte Feedback-Zielscheibe aus, legen sie aus oder pinnen/heften diese an, z.B. an Raumtür oder Moderationswand
- Lehrende beobachten Lernende nicht beim Setzen ihrer Kreuze/Punkte
- Lernende setzen für jede Dimension ein Kreuz/einen Punkt auf der Feedback-Zielscheibe (innen: sehr hoch bis außen: sehr gering)
- Keine Kommentierung/Bewertung/Kritik vornehmen
- Lehrende ziehen im Anschluss an die Einheit/Weiterbildung Schlüsse aus dem Feedback und überarbeiten ggf. ihre Konzeption entsprechend

Gestaltungselemente

- Schrift
- Farbe

Kompositionsregeln

- Aufteilung
- Anordnung
- Hervorhebung
- Gestalt

Variation

- Lehrende und Lernende nutzen Tafel, brauchen aber mehrere Kreidestücke bei größerer Gruppe und sie muss anschließend von Lehrenden abfotografiert werden

Gruppengröße/Sozialform

- Plenum

Zeitraum

- bis zu fünf Minuten

Medien/Material

- Moderationswand
- Papierform
- Klebepunkte
- Stifte

Realitätsprüfung

Für die intendierten Lernziele und Lernergebnisse geeignete Dimensionen auswählen, Anonymität gewährleisten

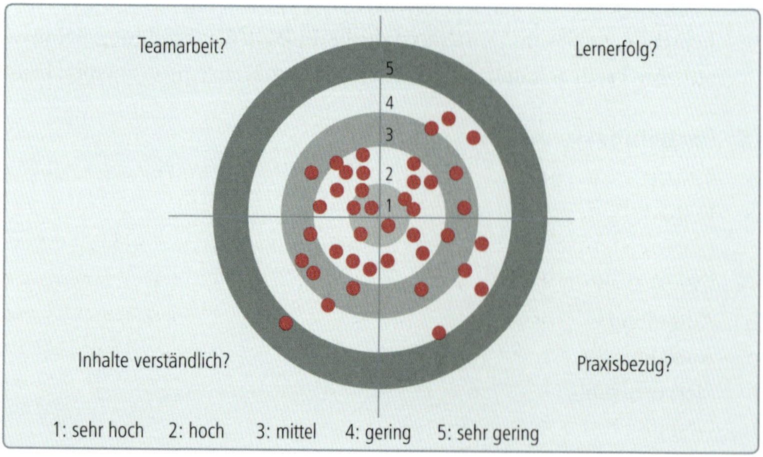

Abbildung 18: Feedbackzielscheibe

4.4.8 Imagination/Phantasiereise

Zielsetzung

Atmosphäre auflockern; in ein Thema einsteigen; Wissen aktivieren; an Erfahrungen anknüpfen; Gefühle wahrnehmen; Bewusstsein fördern und erweitern; Wünsche, Erwartungen, Visionen, Lösungsansätze, Gefühle sammeln; Feedback geben und nehmen; Reflektieren; Fokussieren; Phantasie anregen; Entspannung anregen; ruhige Atmosphäre schaffen

Kombinationsmöglichkeiten

nachher: Feedback

Rolle der Lehrenden und Lernenden

- Lehrende bitten Lernende, die Augen zu schließen oder einen Punkt im Raum zu fokussieren, Lernende tun dies
- Lehrende sagen an, worauf Lernende ihre Aufmerksamkeit richten sollen, was sie sich vorstellen oder verdeutlichen sollen
- Lernende finden hierzu eigene Bilder, nennen diese aber nicht laut
- Lehrende führen so weiter durch die Imagination/Phantasiereise
- Lehrende treffen keine Bewertung des Beschriebenen
- Lehrende beenden die Phantasiereise, ohne sie mit Lernenden zu besprechen oder moderieren Nachbesprechung, wenn dies Ziel und Inhalt der Lehr-Lern-Sequenz sein soll

Variation

- Lehrende können Hintergrundmusik einsetzen, um Lernende dabei zu unterstützen, sich auf sich selbst zu konzentrieren
- Lagerfeuermethode: Lehrende bitten Lernende, einen Stuhlkreis zu bilden und sich in der Mitte der Gruppe ein Lagerfeuer mit allen Sinnen vorzustellen (sehen, hören, riechen), dieses zu fokussieren und sich dann auf ein von den Lehrenden vorgegebenes Thema zu konzentrieren, die Lernenden äußern sich in beliebiger Reihenfolge zum Thema als reflektierendes Gespräch im Plenum oder als Feedback-Runde
- Im Auto: Lehrende geben ein zu besprechendes oder diskutierendes Thema vor, Lernende sitzen zu zweit nebeneinander, sehen sich nicht

an und besprechen das Thema, nach einem Durchlauf zu einem Thema oder mehreren Durchläufen zu verschiedenen Themen ziehen Lernende und Lehrende Fazit zu Methode und Ergebnissen

Gruppengröße/Sozialform

- Einzelarbeit
- ggf. Partnerarbeit und/oder Plenum

Zeitraum

- bis zu 15 Minuten

Medien/Material

- ggf. Musik
- ggf. Möglichkeit zum Hinsetzen oder Hinlegen (auf Matten)
- ggf. Decken zum Zudecken

Realitätsprüfung

Vertraulichkeit gewährleisten; auf Stimme und Tempo achten; keine Wertungen vornehmen; Freiwilligkeit vorher ankündigen; akzeptieren, wenn nicht alle teilnehmen wollen oder die Phantasiereise zwischendurch abbrechen; diese bitten, sich dann ruhig zu verhalten; Fachkulturen beachten; Musik ggf. auf Inhalte abstimmen

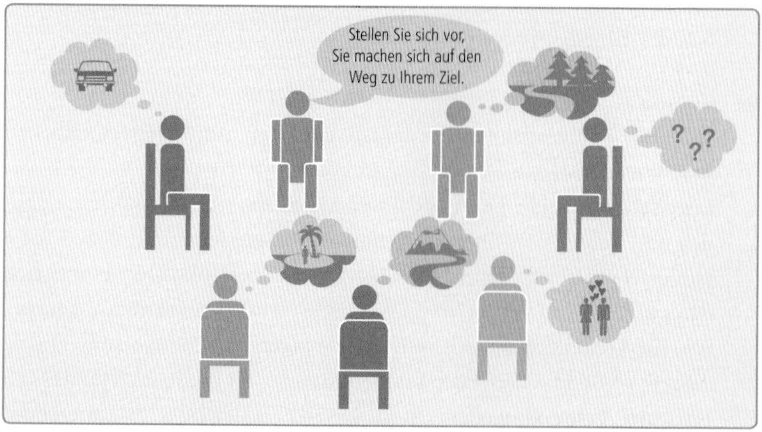

Abbildung 19: Phantasiereise

4.4.9 Karte der Gemeinsamkeiten

Zielsetzung

Kennenlernen; Vertrauen aufbauen; Atmosphäre auflockern; an Erfahrungen anknüpfen; Informationen vernetzen; Phantasie anregen

Rolle der Lehrenden und Lernenden

- Lehrende geben das Thema „Gemeinsamkeiten finden“ vor und erleichtern den Einstieg mit einem Beispiel
- Lehrende und Lernende stehen um einen großen Tisch und ermitteln im Gespräch durch gegenseitiges Befragen gemeinsame Hobbies, Interessen, Vorerfahrungen, die sich nicht auf den Beruf/die Veranstaltung beziehen
- Lehrende und Lernende schreiben ihren Namen auf die Karte der Gemeinsamkeiten, kreisen diesen ein und verbinden sich mit anderen Lernenden/Lehrenden, wobei die Gemeinsamkeit an die Verbindungslinie geschrieben wird
- Visualisierte Verbindungen erzeugen neue Verbindungen zu anderen, welche die Gemeinsamkeit ebenfalls teilen
- Lehrende können stille Lernende durch direktes Ansprechen und Nachfragen mit in den Prozess einbeziehen

Gestaltungselemente

- Schrift
- Farbe
- Symbole

Kompositionsregeln

- Aufteilung
- Anordnung
- Hervorhebung
- Gestalt

Gruppengröße/Sozialform

- Plenum (vier bis 15 Personen)

Zeitraum

- bis zu 20 Minuten

Medien/Material

- Papierform
- großer Tisch
- farbige Stifte

Realitätsprüfung

Auf Gruppengröße achten (bei zu großen Gruppen erschwerte Kommunikation)

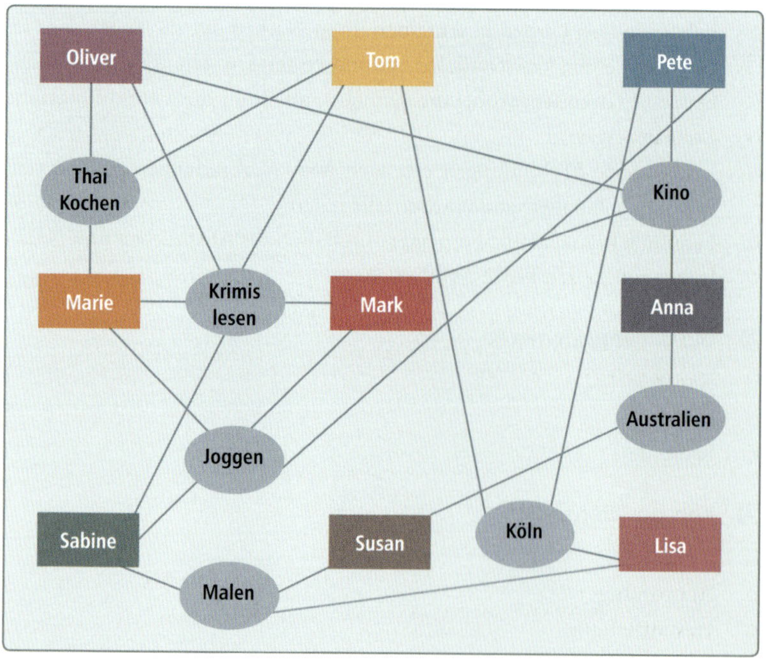

Abbildung 20: Karte der Gemeinsamkeiten

4.4.10 Kartenabfrage

Zielsetzung

In ein Thema einsteigen; Wissen aktivieren; an Erfahrungen anknüpfen; Lernerfolg überprüfen; Informationen, Ideen, Themen, Vorschläge, Wünsche, Erwartungen, Visionen, Lösungsansätze äußern/sammeln/kategorisieren/systematisieren/strukturieren; Komplexität darstellen; Informationen vernetzen; Ergebnisse sichern; Ergebnisse präsentieren; Evaluieren; Reflektieren; Diskussion anregen; Fokussieren

Kombinationsmöglichkeiten

vorher: Brainstorming, nachher: Clustering

Rolle der Lehrenden und Lernenden

- Lehrende visualisieren den Gegenstand des Themas
- Lernende finden Assoziationen/Antworten und notieren diese auf Moderationskarten
- Lehrende oder Lernende bringen Moderationskarten an Moderationswand an
- Lernende kommentieren Karten
- Keine Sortierung/Bewertung/Kritik vornehmen

Gestaltungselemente

- Schrift
- Farbe

Kompositionsregeln

- Anordnung
- Hervorhebung
- Gestalt

Variation

- Verschiedene Moderationskartenfarben für verschiedene Fragestellungen/Sichtweisen

- Lernende notieren Assoziationen/Antworten in Partner-/Gruppenarbeit
- Moderationskarten werden beim Anbringen an die Moderationswand sortiert/geclustert

Gruppengröße/Sozialform

- Einzelarbeit
- Partnerarbeit
- Gruppenarbeit
- Plenum

Zeitraum

- ohne Clustering: bis zu zehn Minuten
- mit Clustering: bis zu 20 Minuten

Medien/Material

- Moderationswand
- Moderationskarten
- Stifte

Realitätsprüfung

Auf deutlich geschriebene Karten achten; für verschiedenste Fachkulturen anwendbar

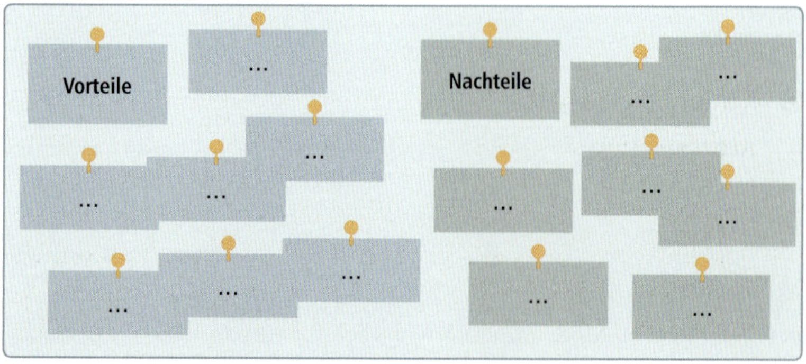

Abbildung 21: Kartenabfrage

4.4.11 Landschaft-Stimmungsbild

Zielsetzung

Gefühle wahrnehmen; Gefühle äußern; Evaluieren; Feedback geben und nehmen; Reflektieren; Positionieren; Phantasie anregen

Kombinationsmöglichkeiten

nachher: Feedback

Rolle der Lehrenden und Lernenden

- Lehrende zeichnen vorab ein großformatiges Landschaftsbild, welches verschiedene Elemente beinhaltet (z.B. Häuser, einen Fluss, eine Brücke, Berge, Eisenbahnschienen, Bäume/Wald, Wiese, einen Heißluftballon, fliegende Vögel usw.)
- Lehrende hängen die Landschaft für alle sichtbar aus
- Lernende betrachten das Bild mit den verschiedenen Elementen und verorten sich selbst in der Landschaft im Hinblick auf aktuelle/n Stimmung/Standpunkt etc.
- Lernende zeichnen sich selbst nacheinander in die Landschaft ein, kommentieren kurz, warum sie an der gewählten Stelle stehen und welche Gefühle und Gedanken sie damit verbinden

Gestaltungselemente

- Farbe (für Lehrende)
- Bilder/Cartoons/Illustrationen (für Lehrende)

Kompositionsregeln

- Aufteilung (für Lehrende)

Variation

Bei größeren Lerngruppen bekommt jeder Lernende eine kleinere Kopie der Landschaft, der Austausch erfolgt in einer Kleingruppe statt im Plenum

Gruppengröße/Sozialform

- Einzelarbeit
- Gruppenarbeit
- Plenum

Zeitraum

- Positionieren: bis zu fünf Minuten
- Vorstellen: bis zu zwei Minuten pro Person

Medien/Material

- Moderationswand
- Papierform
- Stifte

Realitätsprüfung

Auf ansprechend gezeichnetes Bild achten; Störungen berücksichtigen, die während der Durchführung sichtbar werden können und diese in der nächsten Sitzung aufgreifen

Abbildung 22: Landschaft-Stimmungsbild

4.4.12 Lebendige Statistik

Zielsetzung

Kennenlernen; Vertrauen aufbauen; Atmosphäre auflockern; in ein Thema einsteigen; Wissen aktivieren; an Erfahrungen anknüpfen; Informationen, Visionen äußern; Evaluieren; Feedback geben und nehmen; Reflektieren; Positionieren

Rolle der Lehrenden und Lernenden

- Lehrende nennen und visualisieren vier Dimensionen möglicher Positionierungen zu einem Thema und verorten die vier Dimensionen als Pole im Raum, symbolisiert z.B. durch Stühle oder auf den Boden oder auf Tische gelegte Zettel mit Aussagen
- Lernende positionieren sich direkt an einem der Pole oder bewusst zwischen mehreren Polen
- Lehrende fassen sichtbares Ergebnis zusammen: wie viele stehen wo
- Lehrende fragen ggf. Einzelne oder alle Lernenden nach den Hintergründen ihrer Positionierung
- Lernende begründen ihre Positionierung im Plenum
- Lehrende nennen und visualisieren weiteres Thema mit vier Dimensionen usw., s.o.

Kompositionsregeln

- Gestalt

Variation

- 4-Ecken-Methode: Lehrende legen oder hängen jede der vier Dimensionen/Pole in eine Ecke des Raumes, Lernende positionieren sich hier und begründen ihre Positionierung im Paar- oder Gruppengespräch mit anderen am selben Pol oder an anderen Polen
- 4 x 4-Ecken-Gespräche: Lehrende erstellen 20 Karten, auf denen je ein Wort, kurzer Satz oder Bild zu sehen ist, Lehrende und Lernende stellen Tische so zusammen, dass diese ein Viereck bilden, Lehrende legen auf jedes Eck des Tisch-Vierecks verdeckt fünf Karten auf einen Stapel.

Lernende drehen Deck-Karten um und bewegen sich um die Tische herum, bleiben dort stehen, wo sie sich in jeglicher Weise vom Wort/Satz/Bild angesprochen fühlen, kommen über das Ausgewählte mit den anderen an derselben Ecke stehenden Lernenden ins Gespräch, Lehrende bitten Lernende sobald Gesprächsintensität abnimmt, oberste Karte unter den Stapel zu legen, neue Karte aufzudecken und sich neu zu positionieren usw.

- Lehrende nennen nacheinander verschiedene Kriterien, die sich in eine numerische, alphabetische oder anders festgelegte Reihenfolge bringen lassen, Lernende sortieren diese mit oder ohne verbale Kommunikation im Team der ganzen Gruppe

Gruppengröße/Sozialform

- Plenum

Zeitraum

- pro Frage/Aussage: bis zu fünf Minuten

Medien/Material

- Tische
- Flipchart
- Papierform
- Moderationskarten
- Stifte

Realitätsprüfung

Bewegung im Raum ermöglichen; darauf achten, dass alle zu Wort kommen; bei mehreren Themen und Abfragen Positionierung z.B. stichprobenartig pro Thema abfragen

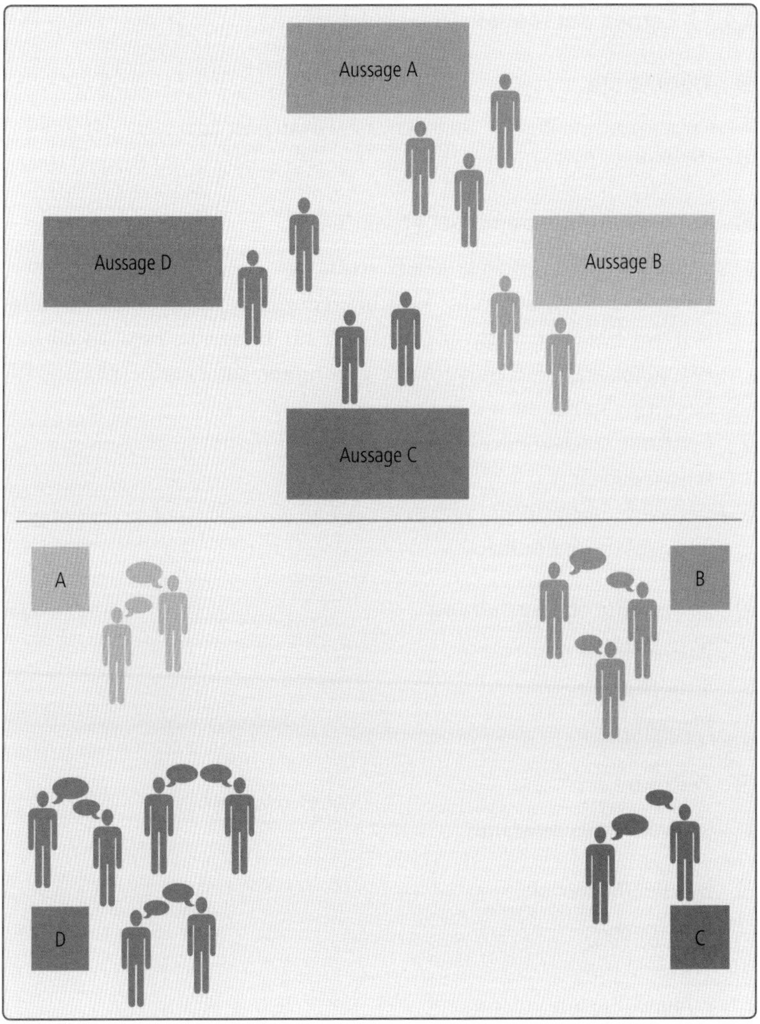

Abbildung 23: Lebendige Statistik

4.4.13 Lernen am Modell

Zielsetzung

Wissen anwenden; Wissen aneignen; Lernstrategien aneignen und anwenden; Verhalten, Bewegungen, (Körper-)Sprache einüben; am Beispiel lernen

Rolle der Lehrenden und Lernenden

- Lehrende oder Lernende geben etwas vor durch Schaubilder, Bewegung, Mimik, Gestik oder Sprache, reduzieren ggf. die Geschwindigkeit zur besseren Nachvollziehbarkeit für Lernende, brechen längere Bewegungen, Wörter oder Sätze ggf. runter auf einzelne Phasen, Silben, Abschnitte, die wiederholt werden
- Lernende machen oder sagen dies nach, wiederholen, steigern ggf. Geschwindigkeit
- Lernende üben allein, zu zweit oder in Gruppen mit gegenseitigem konstruktivem Feedback

Gruppengröße/Sozialform

- Partnerarbeit
- Gruppenarbeit
- Plenum

Zeitraum

- je nach Lerngegenstand

Medien/Material

- Schaubilder
- Fotos
- Filme (z.B. zum Video-Feedback)
- Spiegel (Lernende können sich im Spiegel selbst kontrollieren)

Realitätsprüfung

In Vorbereitung und Durchführung an Vorerfahrungen, Vorkenntnisse und Kompetenzen der Lernenden anknüpfen; strukturierte und kleinschrittige

Vorgehensweise planen und durchführen; mit möglicher Frustration von Lernenden wertschätzend umgehen; Lernende konstruktiv korrigieren wenn nötig; Raum, Zeit und Übungsmöglichkeiten zum Einprägen geben; ggf. Folgeaufgaben für Selbstlernphasen geben; Anwendungsmöglichkeiten verdeutlichen

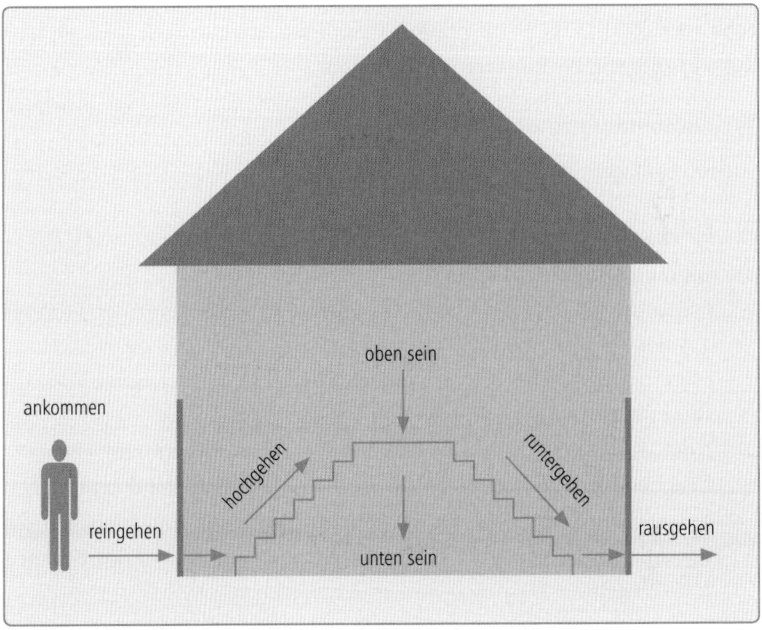

Abbildung 24: Lernen am Modell

4.4.14 Markt der Möglichkeiten

Zielsetzung

Atmosphäre auflockern; in ein Thema einsteigen; Wissen aneignen; Lernerfolg überprüfen; Informationen, Themen, Lösungsansätze äußern/sammeln/kategorisieren/systematisieren/strukturieren; Informationen vernetzen; Ergebnisse sichern; Ergebnisse präsentieren; Perspektivenvielfalt fördern; Diskussion anregen; Positionieren; Fokussieren

Kombinationsmöglichkeiten

vorher: Collagen, Bilder malen, Poster erstellen

Rolle der Lehrenden und Lernenden

- Lehrende bereiten Material für Marktstände vor
- Lernende bereiten die Ergebnisse einer Gruppenarbeit/eines Projekts o.Ä. im Hinblick auf die Marktpräsentation auf
- Materialien sprechen für sich und werden nicht in Form eines Vortrags vorgestellt
- Jede Gruppe von Lernenden erhält einen Infostand zu ihrem Thema
- Gruppenmitglieder betreuen abwechselnd den Infostand und stehen den anderen Lernenden für Fragen zur Verfügung und besuchen die Info-Ständer der anderen Gruppen und informieren sich im Rahmen von zwanglosen Gesprächen über deren Ergebnisse

Gestaltungselemente

- Schrift
- Farbe
- grafische Darstellung
- Symbole
- Bilder/Cartoons/Illustrationen

Kompositionsregeln

- Aufteilung
- Anordnung
- Hervorhebung
- Gestalt

Variation

Wenn eine Gruppe etwas präsentieren möchte, kann sie dies vor Beginn des Marktes im Plenum tun

Gruppengröße/Sozialform

- Gruppenarbeit
- Plenum

Zeitraum

- von 60 Minuten bis zu einem Tag

Medien/Material

- Moderationswand
- Tische
- Papierform
- Moderationskarten
- Stifte
- Mal-Utensilien
- Klebstoff
- Scheren

Realitätsprüfung

Auf Gruppenatmosphäre achten; keinen Wettbewerb entstehen lassen; Lernende bei der Erstellung der Materialien unterstützen; auf regelkonforme Durchführung des Markes achten

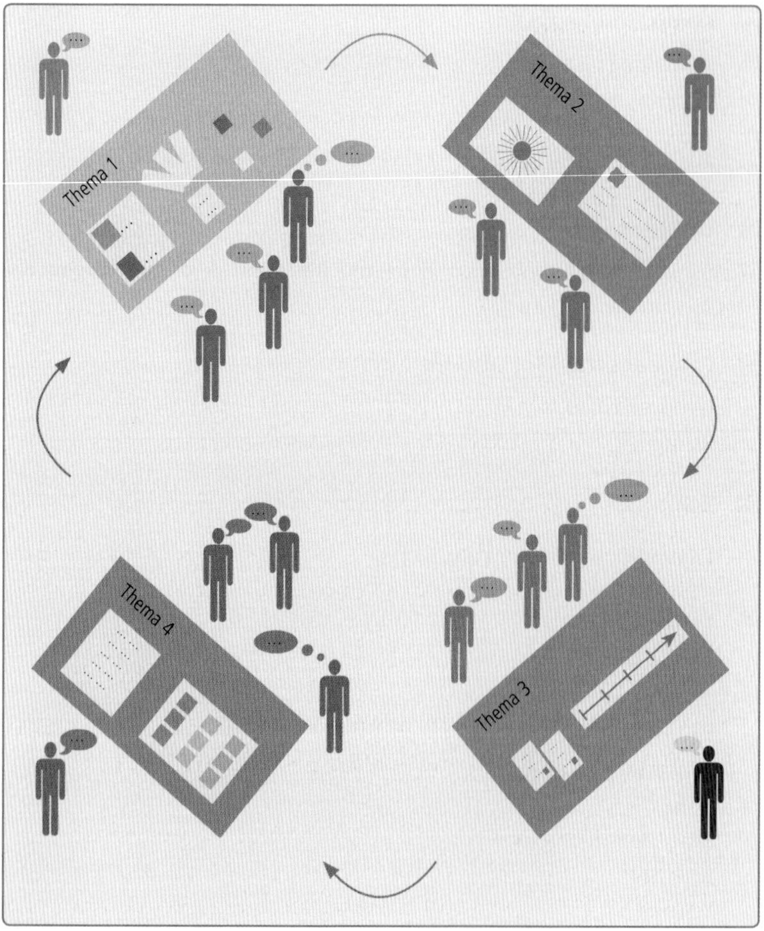

Abbildung 25: Markt der Möglichkeiten

4.4.15 Mindmapping

Zielsetzung

In ein Thema einsteigen; Wissen aktivieren; Wissen aneignen; Lernerfolg überprüfen; Informationen, Ideen, Themen, Vorschläge, Wünsche, Erwartungen, Visionen, Lösungsansätze äußern/sammeln/kategorisieren/systematisieren/strukturieren; Komplexität darstellen; Informationen vernetzen; Ergebnisse sichern; Ergebnisse präsentieren; Evaluieren; Lernstrategien aneignen und anwenden; Perspektivenvielfalt fördern, Diskussion anregen; Fokussieren

Kombinationsmöglichkeiten

vorher: Brainstorming, nachher: Diskussion

Rolle der Lehrenden und Lernenden

- Lehrende visualisieren den Gegenstand des Themas: schreiben Kernthema/Begriff in die Mitte des Papiers und zeichnen geschlossenen Kreis darum
- Lernende finden assoziativ, stichwortartig Unterthemen und äußern diese im Plenum
- Lehrende zeichnen pro Unterthema eine Linie/einen Ast an den Kreis und schreiben das Unterthema ans Ende der Linie, zeichnen hierum einen weiteren Kreis
- Lernende nennen zu jedem Unterthema weitere Assoziationen
- Lehrende zeichnen für jede Assoziationen eine Linie/einen Ast an das zugehörige Unterthema und schreiben die Assoziation ans Ende der Linie/des Astes usw.
- Keine Sortierung/Bewertung/Kritik vornehmen, so viel wie möglich sammeln
- Genannte Assoziationen können zu weiteren Assoziationen führen

Gestaltungselemente

- Schrift
- Farbe

- Symbole
- Bilder

Kompositionsregeln

- Aufteilung
- Anordnung
- Hervorhebung
- Gestalt

Variation

- Lernende notieren Assoziationen in Stichworten in Einzelarbeit
- Ggf. zusätzlich: Lernende nennen Assoziationen in Partner-/Gruppenarbeit, später im Plenum
- Statt Worten oder zusätzlich dazu Bilder oder Symbole verwenden

Gruppengröße/Sozialform

- Einzelarbeit
- Partnerarbeit
- Gruppenarbeit
- Plenum

Zeitraum

- bis zu 20 Minuten

Medien/Material

- Flipchart
- Moderationswand
- Tafel/Whiteboard
- Papierform
- Stifte

Realitätsprüfung

Voraussetzung bei den Lernenden: abstrahieren, verallgemeinern, systematisieren können; bei anvisierter Vergleichbarkeit erstellter Mindmaps auf eine Variante der Mindmap-Erstellung einigen

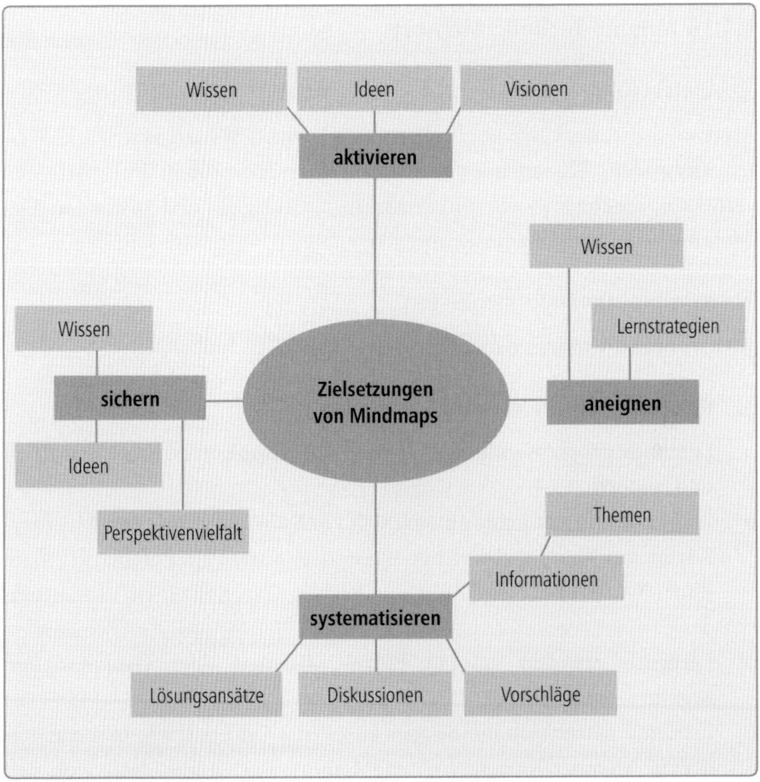

Abbildung 26: Mindmapping

4.4.16 Mnemo-Technik: Memory

Zielsetzung

Atmosphäre auflockern; in ein Thema einsteigen; Wissen aktivieren; Wissen anwenden; Wissen aneignen; Lernerfolg überprüfen; Informationen vernetzen; Ergebnisse sichern; Lernstrategien aneignen und anwenden; Gedächtnis trainieren; Phantasie anregen; ruhige Atmosphäre schaffen

Kombinationsmöglichkeiten

vorher: Brainstorming, danach: andere Mnemo-Techniken

Rolle der Lehrenden und Lernenden

- Lehrende geben mündlich Anleitung und visualisieren diese schriftlich und bildlich
- Lehrende und Lernende einigen sich vor Selbsterstellung von Memory-Karten auf Modus, in welcher Weise zwei Karten ein Pärchen ergeben: Bilder/Worte/Bilder und Worte, Gleiches, Gegensätze, sich Ergänzendes
- Lernende erstellen ggf. in Einzel-, Partner- oder Gruppenarbeit Memory-Karten
- Lernende setzen sich mindestens zu zweit an einen Tisch, mischen verdeckte Memory-Karten, breiten Memory-Karten zugedeckt vor sich auf dem Tisch aus
- Lernende decken abwechselnd je zwei beliebige Karten auf und machen sie dadurch für alle sichtbar
- Lernende prüfen, ob die abgebildeten Bilder/Symbole/Worte in vorher vereinbarter Weise zusammenpassen
- Lernende decken nicht zueinander passende Karten wieder zu, indem sie sie umdrehen, prägen sich aber vorher zum einen das abgebildete Bild/Symbol/Wort ein und zum anderen die Position der zwei Karten im Gesamtgefüge aller Karten, die nächste Person ist an der Reihe, zwei Karten aufzudecken
- Lernende nehmen zwei zusammen passende Karten an sich und sind erneut an der Reihe, zwei Karten aufzudecken usw.

- Lernende, die gerade nicht mit Aufdecken an der Reihe sind, prägen sich auch Karten und deren Position ein
- Sind alle Karten aufgenommen, gewinnt Lernende/r mit den meisten Karten

Gestaltungselemente

- Schrift
- Farbe
- grafische Darstellung
- Symbole
- Bilder/Cartoons/Illustrationen

Kompositionsregeln

- Aufteilung
- Hervorhebung
- Gestalt

Gruppengröße/Sozialform

- Partnerarbeit
- Gruppenarbeit bis zu vier Personen

Zeitraum

- Erstellen: bis zu 20 Minuten
- Durchführen: bis zu 20 Minuten

Medien/Material

- Tische
- Moderationskarten
- Stifte
- Scheren
- Klebstoff
- Bilder
- Grafiken
- Fotos

- Postkarten
- Kataloge
- Zeitschriften

Realitätsprüfung

Lernende bei der Karten-Erstellung und Übungsdurchführung ggf. unterstützen; ggf. Gruppen variieren, wenn zu ungleiche Voraussetzungen vorhanden sind; ggf. für Variation innerhalb einer Übung sorgen (z.B. neue Karten erstellen) oder eine Art Rundlauf moderieren, wobei alle Gruppen nach einer Durchführung zur nächsten Übung wandern; ggf. Evaluation anleiten/moderieren

Abbildung 27: Memory (© Alexandra Bergedick)

4.4.17 Mnemo-Technik: Memory-Geschichte

Zielsetzung

Atmosphäre auflockern; in ein Thema einsteigen; Wissen aktivieren; Wissen anwenden; Wissen aneignen; Lernerfolg überprüfen; Informationen vernetzen; Ergebnisse sichern; Lernstrategien aneignen und anwenden; Gedächtnis trainieren; Phantasie anregen; ruhige Atmosphäre schaffen

Kombinationsmöglichkeiten

vorher: Brainstorming, danach: andere Mnemo-Techniken

Rolle der Lehrenden und Lernenden

- Lehrende geben mündlich Anleitung und visualisieren diese schriftlich und bildlich
- Lehrende bringen fertiges Spiel mit oder Lehrende und Lernende einigen sich vor Selbsterstellung von Karten ggf. auf zu nutzende Wortfelder, z.B. Jahreszeiten, aus denen Worte generiert werden sollen oder lassen es offen, aus welchen Bereichen je ein Wort einem Bild zugeordnet wird
- Lehrende und Lernende teilen Gruppen ein und legen Material zur Erstellung von Karten bereit, welche die Lernenden auf einer Seite je mit einem Bild bekleben und dazu ein passendes Wort darunter schreiben, so dass für jede Person zwischen zehn und 15 Karten entstehen
- Lernende erstellen zusätzlich „Memo-Karten", indem sie „Memo" je auf ein Drittel der Anzahl der Bild-/Wort-Karten schreiben
- Lernende mischen alle Karten und erhalten dann gleich viele Karten
- Lernende spielen zu zweit oder in Gruppen und erfinden dabei eine Geschichte, die von anderen Lernenden weiterentwickelt/-geführt wird
- Beginnende Person spielt entweder eine beliebige Karte aus oder beachtet die Reihenfolge des vor ihr liegenden zugedeckten Stapels, legt die Karte in der Spielfeldmitte ab und nennt zum dargestellten Wort einen ganzen Satz (z.B.: „Schnee" – „Schnee ist sehr kalt")
- Die nächste Person spielt eine ihrer Karten aus, legt diese genau auf die vorhergehende Karte und nennt dazu einen Satz, der inhaltlich zum

vorhergehenden Satz passt (z.B.: „Badetuch" – „Mit Badetuch ging es jeden Tag in die warme Sauna")
- Lernende setzen dies so fort, bis eine Memo-Karte ausgespielt wird
- Legt eine Person eine Memo-Karte aus, darf sie eine beliebige andere Person (oder vorher festgelegt, die links oder rechts von ihr sitzende Person) auffordern, die bisher entwickelte Geschichte Satz für Satz zu wiederholen
- Herausgeforderte Person nimmt abgelegten Karten-Stapel an sich, deckt die Karten nach und nach auf und beginnt mit der ersten Karte, anhand der Bilder und Begriffe darauf, die Geschichte von vorn bis hinten zu erzählen
- Lernende, welche die Geschichte richtig wiederholen, sind als nächstes an der Reihe, Lernende, welche die Geschichte nicht korrekt wiedergegeben haben, nehmen alle abgelegten Karten in ihre Handkarten oder den vor ihnen liegenden Stapel auf
- Lernende, die mit ihrer Memo-Karte herausgefordert haben, nehmen alle abgelegten Karten auf, falls die herausgeforderte Person die Geschichte richtig wiedergibt
- Lernende, die als erstes keine Karten mehr im eigenen Stapel/auf der Hand haben, gewinnen

Gestaltungselemente

- Schrift
- Farbe
- grafische Darstellung
- Symbole
- Bilder/Cartoons

Kompositionsregeln

- Aufteilung
- Hervorhebung
- Gestalt

Gruppengröße/Sozialform

- Partnerarbeit
- Gruppenarbeit bis zu vier Personen

Zeitraum

- Erstellen: bis zu 20 Minuten
- Durchführen: bis zu 20 Minuten

Medien/Material

- Tische
- Moderationskarten
- Stifte
- Scheren
- Klebstoff
- Bilder
- Grafiken
- Fotos
- Postkarten
- Kataloge
- Zeitschriften
- Spielfiguren

Realitätsprüfung

s. Memory; darauf achten, dass Sätze nicht zu lang und komplex sind; vereinbaren, ob der Wortlaut ganz genau wiederholt werden muss oder welche leichten Abweichungen erlaubt sind

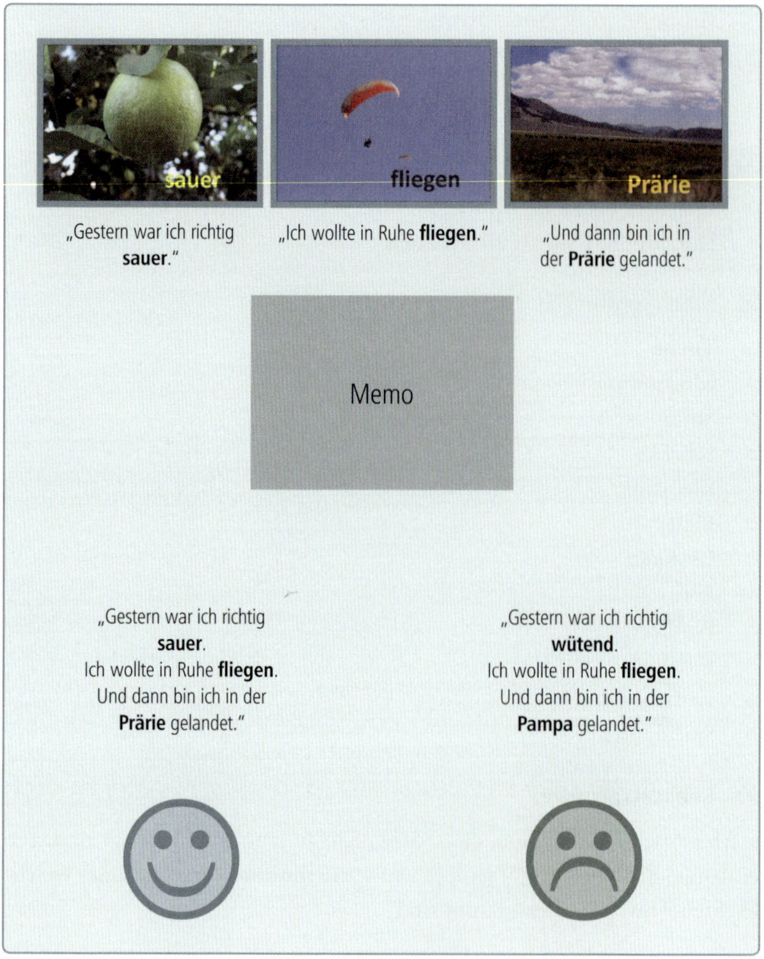

Abbildung 28: Memory-Geschichte (© Alexandra Bergedick)

4.4.18 Mnemo-Technik: Memo-Schnecke

Zielsetzung

Atmosphäre auflockern; in ein Thema einsteigen; Wissen aktivieren; Wissen anwenden; Wissen aneignen; Lernerfolg überprüfen; Informationen vernetzen; Ergebnisse sichern; Lernstrategien aneignen und anwenden; Gedächtnis trainieren; Phantasie anregen; ruhige Atmosphäre schaffen

Kombinationsmöglichkeiten

vorher: Brainstorming, danach: andere Mnemo-Techniken

Rolle der Lehrenden und Lernenden

- Lehrende geben mündlich Anleitung und visualisieren diese schriftlich und bildlich
- Lehrende und Lernende einigen sich vor Selbsterstellung von Karten auf Modus: Bilder/Worte/Bilder und Worte, Gleiches, Gegensätze, sich Ergänzendes
- Lernende erstellen in Einzel-, Partner- oder Gruppenarbeit beidseitig beschriebene Karten, auf der einen Seite z.B. eine deutsche Redewendung, auf der anderen die passende englische
- Lernende gehen nach der Erstellung gemeinsam, laut vorlesend beide Seiten aller Karten durch, damit erste Einprägung erfolgt
- Lernende setzen sich mindestens zu zweit an einen Tisch, mischen Karten, breiten diese in Schneckenform vor sich auf dem Tisch aus
- Lernende erhalten je eine Spielfigur, vor dem jeweiligen Zug auf die nächste Karte liest Lernende/r laut vor, was auf der Karte steht und nennt das, was auf der anderen Kartenseite steht, ohne sich diese vorher anzusehen
- Lernende/r dreht danach entsprechende Karte um und überprüft, ob Genanntes mit der Kartenrückseite übereinstimmt, liest vor, was dort steht und legt die Karte mit dem Vorgelesenen nach oben an ihre Stelle in der Schnecke zurück
- Nennen Lernende das, was auf der unteren Kartenseite steht, richtig, rücken sie mit ihrer Spielfigur auf diese Karte vor und sind erneut an der Reihe, bis sie etwas nicht richtig erraten

- Lernende verfahren abwechselnd weiter so, bis die erste Person am innersten Punkt der Schnecke angekommen ist
- Gibt es mehr als zwei Lernende in einer Gruppe, spielen die anderen um die weiteren Plätze, so dass alle Begriffe umso öfter laut wiederholt und sich eingeprägt werden können

Gestaltungselemente

- Schrift
- Farbe
- grafische Darstellung
- Symbole
- Bilder/Cartoons/Illustrationen

Kompositionsregeln

- Aufteilung
- Hervorhebung
- Gestalt

Gruppengröße/Sozialform

- Partnerarbeit
- Gruppenarbeit bis zu vier Personen

Zeitraum

- Erstellen: bis zu 20 Minuten
- Durchführen: bis zu 20 Minuten

Medien/Material

- Tische
- Moderationskarten
- Stifte
- Scheren
- Klebstoff
- Bilder
- Grafiken

- Fotos
- Postkarten
- Kataloge
- Zeitschriften
- Spielfiguren

Realitätsprüfung

s. Memory; einzelne Wörter/Vokabeln mit Beispielsatz in Kontext betten

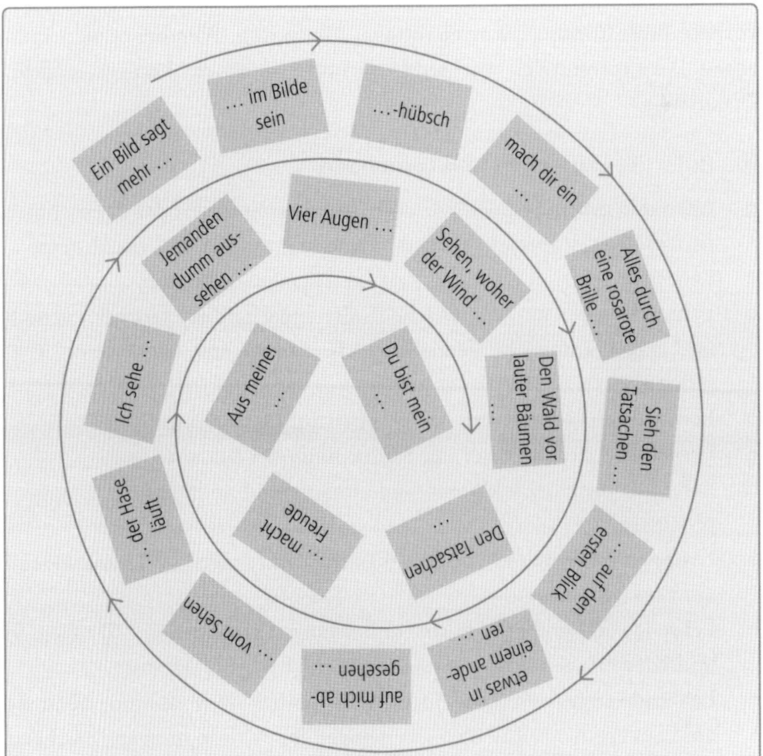

Thema: Deutsche Redewendungen mit „Bild" und „sehen"

Abbildung 29: Memory-Schnecke

4.4.19 Posterpräsentation

Zielsetzung

Wissen anwenden; Lernerfolg überprüfen; Informationen, Themen, Visionen, Lösungsansätze, sammeln/kategorisieren/systematisieren/strukturieren; Komplexität darstellen; Informationen vernetzen; Ergebnisse sichern; Ergebnisse präsentieren; Diskussion anregen; Positionieren; Fokussieren

Kombinationsmöglichkeiten

vorher: Brainstorming, Kartenabfrage, Clustering, Mindmapping, Textarbeit, Gruppenpuzzle, wachsende Gruppe; nachher: Lernspaziergang, Diskussion

Rolle der Lehrenden und Lernenden

- Lehrende geben Themen vor und visualisieren diese oder übernehmen Moderation, während Lernende Themen ermitteln und visualisieren
- Lehrende geben und nennen Zeit für Themenerarbeitung
- Lehrende geben ggf. vor, welche Rollen innerhalb der Gruppen verteilt und eingenommen werden sollen, z.B. Zeitwächter, Moderation, Präsentation
- Lernende einigen sich ggf. in Gruppen auf Darstellungsform
- Lernende erstellen Poster mit Schrift und/oder Bildern
- Lehrende bieten sich klärend und moderierend an innerhalb Gruppenprozessen
- Gruppen präsentieren Poster, gehen auf Nachfragen und moderierend auf Diskussionen ein
- Lehrende fotografieren Poster und senden Lernenden ggf. Dateien zu und/oder bringen Poster in nächster Lehr-Lern-Einheit mit
- Lehrende ziehen im Anschluss an die Einheit/Weiterbildung Schlüsse aus dem Feedback und überarbeiten ggf. ihre Konzeption entsprechend

Gestaltungselemente

- Schrift
- Farbe

- grafische Darstellung
- Symbole
- Bilder/Cartoons/Illustrationen

Kompositionsregeln

- Aufteilung
- Anordnung
- Hervorhebung
- Gestalt

Variation

- Lernende erstellen Poster in Einzelarbeit zum Zweck der Vorstellung bzw. Selbstpräsentation

Gruppengröße/Sozialform

- Einzelarbeit
- Partnerarbeit
- Gruppenarbeit
- Plenum

Zeitraum

- Erstellen: bis zu 20 Minuten
- Präsentieren: bis zu fünf Minuten pro Poster

Medien/Material

- Moderationswand
- Papierform
- Stifte
- Mal-Utensilien
- Bilder

Realitätsprüfung

Alle Lernenden aktivieren, z.B. allen Teilnehmenden eine Rolle in der Postererstellung und -präsentation zuweisen; sicherstellen, dass die Rollen eingehalten werden durch moderierendes Eingreifen; Poster über gesamte Lehr-Lern-Einheit hinweg hängen lassen wenn sinnvoll; sicherstellen, dass alle Poster sichtbar sind

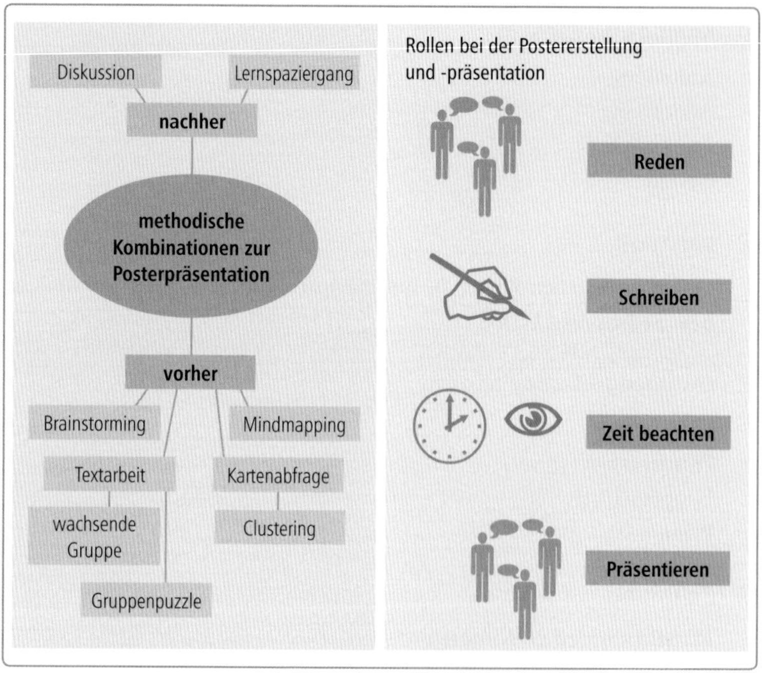

Abbildung 30: Posterpräsentation

4.4.20 Punktabfrage

Zielsetzung

Evaluieren; Feedback geben und nehmen; Reflektieren; Diskussion anregen; Positionieren; Fokussieren

Kombinationsmöglichkeiten

vorher: Brainstorming, Kartenabfrage, Clustering

Rolle der Lehrenden und Lernenden

- Lehrende oder Lernende visualisieren unterschiedliche Positionen/Themen
- Lernende ordnen zwecks Abstimmung/Positionierung eine bestimmte Anzahl an Klebepunkten den Positionen/Themen zu
- Klebepunkte können alle oder zum Teil verbraucht werden, dürfen beliebig gesetzt werden
- Die größte Punktzahl entscheidet
- Je nach Fragestellung sorgen Lehrende für geschützten Rahmen und stellen Anonymität bei der Punktevergabe sicher

Gestaltungselemente

- Farbe

Kompositionsregeln

- Aufteilung
- Gestalt

Variation

- Skalen: Lernende positionieren einen Punkt auf einer Skala z. B.
- „0 bis 100“ – „1 bis 10“ – „-2 bis +2“ – „klein bis groß“ – „--- bis +++“ – „vollkommen unwichtig bis sehr wichtig“
- Stimmungsbarometer: Lernende positionieren über die gesamte Lehrveranstaltung zu festgelegten Zeitpunkten Punkte auf einem Raster: Uhrzeit/Tageszeit – Stimmung (gut, neutral, schlecht). Stimmungs-

barometer gibt Aufschluss über Gesamtstimmung, keine Entwicklungen von Einzelnen sichtbar

- Interessenkurve: wie Stimmungsbarometer, statt Stimmung Interessenabfrage. Zeigt Interesse von Einzelnen und Entwicklungen. Erlaubt Abgleich mit didaktischem Planungsraster, Rückschlüsse auf Verbesserungsmöglichkeiten in der didaktischen Planung
- Koordinaten: Lernende setzen Punkte oder Kreuze in ein Koordinatensystem, gegensätzliche Koordinaten (z.B. Spaß – Erfolg oder Aktivierung – Lernzuwachs)

Gruppengröße/Sozialform

- Plenum ab zehn Personen

Zeitraum

- bis zu fünf Minuten

Medien/Material

- Flipchart
- Moderationswand
- Papierform
- Klebepunkte
- Stifte

Realitätsprüfung

Eindeutige Skalen benutzen; Anonymität sicherstellen

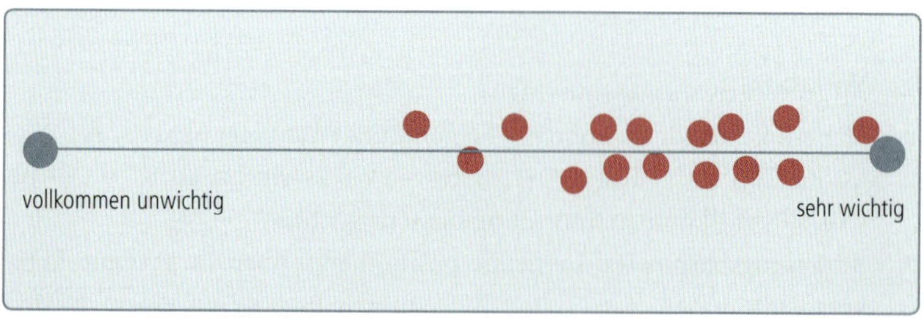

Abbildung 31: Punktabfrage

4.4.21 Vernissage

Zielsetzung

In ein Thema einsteigen; Wissen anwenden; an Erfahrungen anknüpfen; Gefühle wahrnehmen; Informationen, Ideen, Themen, Vorschläge, Wünsche, Erwartungen, Visionen, Lösungsansätze äußern/sammeln; Ergebnisse präsentieren; Reflektieren; Perspektivenvielfalt fördern; Diskussion anregen; Phantasie anregen

Kombinationsmöglichkeiten

vorher: Poster erstellen, Bild malen, Collage

Rolle der Lehrenden und Lernenden

- Lehrende geben ein Thema/verschiedene Themen/ein Rahmenthema mit mehreren Unterthemen vor
- Lernende erstellen in Kleingruppen Bilder/Plakate/Collagen oder entwickeln eine Skulptur, die sie selbst darstellen, zum gewählten Thema
- Lernende präsentieren ihre Ergebnisse in Form einer Vernissage im Plenum: Ergebnisse werden ausgestellt, Lernende kommentieren diese und beantworten Fragen
- Lehrende oder Lernende moderieren die Vernissage

Gestaltungselemente

- Schrift
- Farbe
- grafische Darstellung
- Symbole
- Bilder/Cartoons/Illustrationen

Kompositionsregeln

- Aufteilung
- Anordnung
- Hervorhebung
- Gestalt

Gruppengröße/Sozialform

- Gruppenarbeit, Plenum

Zeitraum

- Vernissage planen: bis zu 20 Minuten
- Präsentieren pro Ausstellungobjekt: fünf Minuten

Medien/Material

- Moderationswand
- Papierform
- Stifte
- Mal-Utensilien
- Scheren
- Klebstoff
- Bilder
- Grafiken
- Fotos
- Postkarten
- Kataloge
- Zeitschriften
- Stoffreste
- Draht
- Schnur
- Wolle
- Filz
- buntes Papier

Realitätsprüfung

Auf gestalterische Fertigkeiten der Lernenden achten, um Frustration zu vermeiden; mögliche fachkulturspezifisch bedingte geringe Akzeptanz von gestalterischen Methoden berücksichtigen

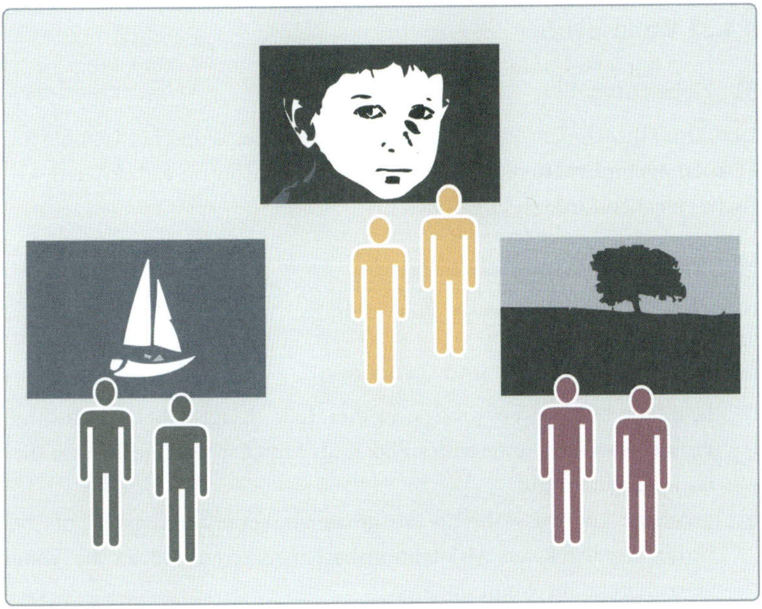

Abbildung 32: Vernissage

4.4.22 Wandspeicher

Zielsetzung

Gefühle wahrnehmen; Ideen, Themen, Vorschläge, Wünsche, Gefühle äußern/sammeln; Evaluieren; Feedback geben und nehmen; Reflektieren; kritisches Denken fördern, Positionieren

Kombinationsmöglichkeiten

danach: Feedback, Diskussion, Punktabfrage

Rolle der Lehrenden und Lernenden

- Lehrende bereiten ein großes, in drei Teile (Klagemauer, Ideenwand, Problemspeicher) unterteiltes Plakat als Speicher vor und hängen dies für alle sichtbar auf
- Lernende können während des gesamten Veranstaltungsverlaufs bei Bedarf Feedback auf Moderationskarten notieren und an die Wand heften/direkt auf Wand notieren
- Klagemauer stellt eine Ventilfunktion für die Lernenden dar, kann Lehrenden Aufschluss über die Stimmung in der Gruppe geben
- Ideenwand/Problemspeicher: Lernende können wichtige, aber im Moment des Auftretens nicht verwertbare Ideen/Probleme festhalten
- Wandspeicher führt zu einer Entlastung für Lehrende und Lernende, da Gedanken aus dem Kopf, aber nicht vergessen, da extern gespeichert
- Lehrende gehen zu festgelegten Zeitpunkten (z.B. am Ende/Anfang einer Einheit) auf die Äußerungen ein
- Lehrende und Lernende bearbeiten Äußerungen und beziehen diese in weiteres Vorgehen ein

Gestaltungselemente

- Schrift
- Farbe

Kompositionsregeln

- Aufteilung
- Anordnung

- Hervorhebung
- Gestalt

Gruppengröße/Sozialform

- Einzelarbeit
- Plenum

Zeitraum

- über den gesamten Veranstaltungszeitraum

Material/Medien

- Moderationswand
- Papierform
- Moderationskarten
- Stifte

Realitätsprüfung

Äußerungen der Lernenden regelmäßig aufgreifen und in weiteres Vorgehen einbeziehen; Lernende ggf. zur Nutzung des Wandspeichers motivieren

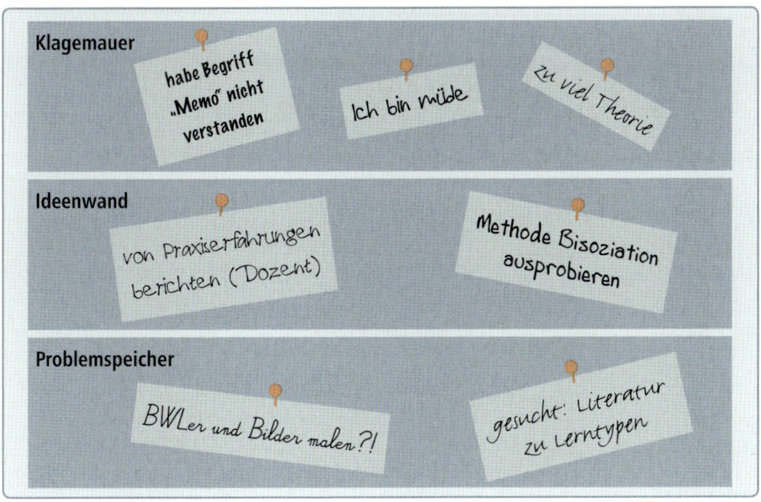

Abbildung 33: Wandspeicher

4.4.23 Wetterkarte

Zielsetzung

Kennenlernen; Vertrauen aufbauen; Atmosphäre auflockern; Gefühle wahrnehmen; Wünsche, Erwartungen, Gefühle äußern; Feedback geben und nehmen; Reflektieren; Positionieren

Kombinationsmöglichkeiten

danach: Feedback

Rolle der Lehrenden und Lernenden

- Lehrende bereiten einen Bogen mit verschiedenen Wettersymbolen (Wolken, Wind, Sonne, Schnee, Hagel, Sturm, Hitze, Kälte etc.) vor
- Lernende erhalten je einen Bogen und erstellen anhand eines Symbols/mehrerer Symbole eine eigene Wetterkarte
- Wetterkarte soll den Lehrenden Rückmeldung zu Stimmungen, Erwartungen, Wünschen etc. der Lernenden geben
- Wetterkarten werden im Raum aufgehängt und von den Erstellern im Plenum kurz kommentiert

Gestaltungselemente

- Schrift (vor allem Lehrende)
- Farbe (vor allem Lehrende)
- Symbole (vor allem Lehrende)

Kompositionsregeln

- Aufteilung (vor allem Lernende)
- Anordnung (vor allem Lernende)
- Hervorhebung (vor allem Lernende)
- Gestalt (vor allem Lernende)

Variation

- Bei größeren Lerngruppen erfolgt die Präsentation in einer Kleingruppe statt im Plenum

Gruppengröße/Sozialform

- Einzelarbeit
- Gruppenarbeit
- Plenum

Zeitraum

- Erarbeiten: bis zu zehn Minuten
- Vorstellen: bis zu einer Minute pro Person

Material/Medien

- Moderationswand
- Papierform
- Stifte
- Symbole

Realitätsprüfung

Auf Äußerungen der Lernenden achten und diese aufgreifen und in weiteres Vorgehen einbeziehen

Abbildung 34: Wetterkarte

Lektüreempfehlungen

Fengler, J. (2004): Feedback geben. Strategien und Übungen. Basel

Görts, W./Marks, F./Stary, J. (2001): Visualisieren: Folien, Poster, Flipcharts. In: Behrendt, B./Voss, H.-P./Wildt, J. (Hg.): Neues Handbuch Hochschullehre. Stuttgart, S. 1–35

Ministerium für Schule und Weiterbildung des Landes Nordrhein-Westfalen (Hg.) (2007): Methodensammlung. Anregungen und Beispiele für die Moderation. Soest

5. Fazit

„Das Auge isst mit."

In den ersten Sekunden einer jeden Begegnung erfolgt eine Einschätzung und Bewertung unseres Gegenübers. Wir tun dies auf Grundlage von dessen Erscheinen bzw. seinem Äußerem: Aussehen, Kleidung, Haltung und Verhalten. Das, was wir sehen, spielt eine wesentliche Rolle in der Wahrnehmung und Bewertung unseres Alltags und somit in der Orientierung im Alltag – und dies nicht nur in Bezug auf Menschen. Es knüpfen sich Emotionen und Kognitionen an das, was wir sehen, und dies wiederum hat bestimmte Verhaltensweisen unsererseits zur Folge. So reagieren wir z.B. auch auf Werbung: Wir sehen Werbeplakate, -broschüren und -spots, in denen Bilder mit Worten verknüpft werden, schreiben diesen im Akt der Wahrnehmung eine persönliche Bedeutung zu und verankern Bild, Wort und Bedeutung in unserer Erinnerung wie in unserem Verhalten. Immer haben wir innere Bilder, oft jedoch unbewusst.

Wie wir im vorliegenden Praxisband dargelegt und selbst *veranschaulicht* haben, können wir solche Kopplungen, solche Zuschreibungen und Verbindungen von Bildern und Worten mit Gedanken und Gefühlen, gezielt nutzen, um unsere Weiterbildungsziele und -inhalte zu transportieren und zu erreichen. Wir können mit Visualisierung unsere unterschiedlichen Zielgruppen motivieren, sich die Ziele und Inhalte zu veranschaulichen und aktiv zu erschließen. So dient die Visualisierung wie eine Art Kompass der Orientierung, der Fokussierung und der Verständigung: Wir machen uns ein Bild von dem, was wir erreichen wollen. Die Lernenden machen sich ein Bild von dem, was wir präsentieren oder vermitteln wollen.

Es war unsere Absicht, verschiedene Facetten von Visualisierung zu beleuchten und dies theoretisch zu verorten und zu begründen. Immer geht es dabei um den Respekt vor der Individualität des Lernenden und um unser Verständnis für einen gemeinsamen Verständigungsrahmen. Lernziele und -inhalte sind auf vielfältige Art und Weise erlernbar zu machen. Visualisierungen bieten uns hierfür eine Vielzahl von lernförderlichen Möglichkeiten.

Diese haben wir in Kapitel 4 konkretisiert und dabei gezeigt, wie Visualisierungen gestaltet sein müssen, um ihre Wirksamkeit auszubreiten.

Wir hoffen, etwas Licht ins Dunkel von guter Lehre *und* guter Visualisierung gebracht zu haben – und doch bleibt etwas Geheimnisvolles. Hierzu möchten wir anekdotisch Albert Einstein (1934) zitieren:

> Das Schönste, was wir erleben können, ist das Geheimnisvolle. Es ist das Grundgefühl, das an der Wiege von wahrer Kunst und Wissenschaft steht. Wer es nicht kennt und sich nicht wundern, nicht mehr staunen kann, der ist sozusagen tot und sein Auge erloschen.

Nun möchten wir Sie ermuntern, Impulse aufzugreifen und sich in der Visualisierung zu üben. Dabei wünschen wir Ihnen nützliche Erfahrungen und viel Freude.

Glossar

Assoziation
An ein Thema, einen Gegenstand oder eine Person gekoppelter Gedanke, der durch eine Aufgabenstellung hervorgerufen und bewusst wird. Im Gedächtnis sind verschiedene, nicht-reduzierbare Elemente (in der Regel Erfahrungen, Sinneseindrücke, Emotionen) miteinander verknüpft. Die Leistungsfähigkeit des Gedächtnisses beruht auf der Fähigkeit, solche Assoziationen oder auch Assoziationsketten bewusst zu machen.

Bedeutungsträger
Als Bedeutungsträger – oder auch Sinnbilder – werden Zeichen, Wörter, Gegenstände, Vorgänge etc. bezeichnet, die sich auf eine Vorstellung beziehen, eine Bedeutung in sich tragen.

Bild
Ein Bild ist eine Repräsentation bzw. Manifestation von subjektiv rezipierter Wirklichkeit. In der Psychologie wird auch von inneren Bildern, Abbildern und Vorstellungsbildern gesprochen.

Diagramm
Grafische Veranschaulichung von Zahlen, Daten, Sachverhalten.

Didaktik
Wissenschaft vom Lehren und Lernen, einschließlich der Methodik.

Evaluation
Bewertung darüber, ob das Beabsichtigte erreicht wird, indem Kriterien zur Erfassung des Erreichten entwickelt werden und von der jeweiligen Zielgruppe bewertet werden.

Kompetenz
Fähigkeit, Fertigkeit, Bereitschaft und Zuständigkeit, etwas zu tun.

Konstruktivismus
Die Vorstellung, dass Wirklichkeit nicht für alle gleich ist, da die subjektive Wahrnehmung keine Realität, sondern lediglich subjektive Konstruktionen abbildet.

Konstruktivistische Didaktik
Geht davon aus, dass die Wahrnehmung keine Realität wiedergibt, sondern sich alle am Lernen Beteiligten ihre eigenen Wahrheiten und individuelles Wissen beim Lernen entwickeln, abhängig von ihren bisherigen Erfahrungen und ihrem Wissen etc. und daran gekoppelt. Konstruktivistische Didaktik ermöglicht das Anknüpfen von zu Lernendem an die subjektiven Wirklichkeiten.

Konzeption
Das Entwerfen eines Konzepts bzw. Plans, mit dem bestimmte Lehr-Lern-Ziele verfolgt und erreicht werden sollen.

Lehrende
Diejenigen, welche didaktisch-methodisch auf die jeweilige Zielgruppe abgestimmte Lehr-Lern-Settings konzipieren, planen, vorbereiten, durchführen und evaluieren und dabei vielfältige Rollen einnehmen, wie Leitung, Lernberatung und Moderation.

Lehrkompetenz
Die durch Wissenserwerb, -anwendung und Erfahrung entwickelte umfassende Fähigkeit, Fertigkeit, Bereitschaft und Zuständigkeit, auf konkrete Lehr-Lern-Settings abgestimmte Didaktik und Methodik hinsichtlich Konzeption, Planung, Vorbereitung, Durchführung und Evaluation anzuwenden.

Lehr-Lern-Setting
Das Arrangement, z.B. Seminar oder Training, in dem das zielgerichtete Lehren und Lernen stattfindet.

Lernende
Diejenigen, die sich aktiv Wissen aneignen und Kompetenzen entwickeln.

Lernförderlich

Dem Lernen zuträglich, indem u.a. die Motivation der Lernenden gesteigert wird, die Klarheit des Lerngegenstandes und der Aufgabenstellung gesichert wird.

Lerngegenstand

Bezeichnet den Inhalt dessen, was gelernt werden soll.

Lerntyp

Der Versuch einer Unterscheidung und Abgrenzung von individuellen Präferenzen, auf welche Art am besten gelernt werden kann.

Metapher

Eine Metapher ist eine rhetorische Figur, ein gesprochenes Bild. Das Wort soll nicht verstanden werden in seiner wörtlichen, sondern in einer übertragenen, also einer ähnlichen Bedeutung.

Methodik

Auf ein Lehr-Lern-Ziel abgestimmte Vorgehensweise unter Einsatz bestimmter Medien, um den Lerngegenstand erschließbar zu machen.

Piktogramm

Ein Piktogramm ist ein Symbol, das den Inhalt bzw. die kommunikative Bedeutung stark vereinfacht grafisch darstellt; es wird auch „Ikon“ genannt.

Phantasie

Phantasie ist der kreative Vorgang, sich innere Bilder von nicht (oder noch nicht) realen Begebenheiten machen zu können. Jeder Mensch hat Vorstellungsbilder, Vorstellungskraft bzw. Imaginationen und somit die kreative Fähigkeit, innere Bilder und damit eine „Innenwelt“ zu erzeugen.

Symbol

Ein Symbol bzw. ein Sinnbild ist ein Bedeutungsträger (Zeichen, Wörter, Gegenstände, Piktogramme, Vorgänge etc.), der eine Vorstellung impliziert von etwas, das nicht gegenwärtig sein muss.

Visuelles Lernen

Das Lernen, das mit der Aufnahme des zu Lernenden über das Sinnesorgan Auge gekoppelt ist.

Literatur

Bücher und Aufsätze

Amann, S. u.a. (2007): Erfolgreich präsentieren. Berlin

Andersen, T. (Hg.) (1996): Das Reflektierende Team. Dialoge und Dialoge über Dialoge. Dortmund

Bateson, G. (1979): Geist und Natur. Frankfurt a.M.

Becker, N. (2009): Hirngespinste der Pädagogik. In: Psychologie Heute, H. 11, S. 72–77

Böhm, M. (2006): Präsentieren Sie noch oder faszinieren Sie schon? Heidelberg

Böhringer, A./Hülsbeck, M. (2005): Die wissenschaftliche Präsentation. München

Böhringer, J./Bühler, P./Schlaich, P. (2007): Präsentieren in Schule, Studium und Beruf. Berlin

Brüning, L./Saum, T. (2007): Erfolgreich unterrichten durch Visualisierung. 2., überarb. Aufl. Essen

Buber, M. (1984): Das dialogische Prinzip. Heidelberg

Buzan, T. (2005): Mind Map – die Erfolgsmethode. München

Buzan, T./Buzan, B. (2002): Das Mind-Map-Buch. Die beste Methode zur Steigerung Ihres geistigen Potenzials. 5., überarb. Aufl. Landsberg/München

Coffield, F. u.a. (2004): Learning Styles and Pedagogy in Post-16 Learning. A Systematical and Critical Review. London

Cohn, R. (1997): Von der Psychoanalyse zur Themenzentrierten Interaktion. Stuttgart

Clark, C.H. (1972): Brainstorming. Methoden der Zusammenarbeit und Ideenfindung. 4., überarb. Aufl. München

Ebeling, H./Wacker, H./Ebeling, E. (1971): Anschauen – Behandeln – Begreifen. 4., überarb. Aufl. Hannover

Einstein, A. (1934): Mein Weltbild. URL: www.quotez.net/german/albert_einstein.htm (Stand: 20.05.2011)

Eipper, M. (2001): Sehen – Erkennen – Wissen. 2., überarb. Aufl. Renningen-Malmsheim

Erpenbeck, J./Heyse, V. (1999): Die Kompetenzbiographie. Wege der Kompetenzentwicklung. Berlin

Fengler, J. (2004): Feedback geben. Strategien und Übungen. Basel

Fischer, M. (1998): Visualisierung von Management-Informationen. Regensburg

Franck, N./Stary, J. (2006): Gekonnt visualisieren – Medien wirksam einsetzen. Paderborn

Freud, S. (1956): Abriß der Psychoanalyse. Frankfurt a.M.

Friedrich, W. (2003): Die Kunst zu präsentieren. 2., überarb. Aufl. Berlin

Gaede, W. (1992): Vom Wort zum Bild. 2., überarb. Aufl. München

Görts, W./Marks, F./Stary, J. (2001): Visualisieren: Folien, Poster, Flipcharts. In: Behrendt, B./Voss, H.-P./Wildt, J. (Hg.): Neues Handbuch Hochschullehre. Stuttgart, S. 1–35

Gröschel, U./Hartmann, S. (1995): Reden – Visualisieren – Präsentieren. Hannover

Günther, U./Sperber, W. (2000): Handbuch für Kommunikations- und Verhaltenstrainer. 3., überarb. Aufl. München

Hänggi, D. (1989): Visuelle Vorstellungsfähigkeit. Freiburg

Hartmann, F. (2008): Multimedia. Wien

Hartmann, M./Funk, R./Nietmann, H. (2008): Präsentieren: zielgerichtet und adressatenorientiert. 8., überarb. Aufl. Weinheim/Basel

Hartmann, M./Röpnack, R./Jacobs-Strack, D. (1999): LehrerInnen präsentieren. Weinheim/Basel

Heiß, R. u.a. (Hg.) (1963): Bild und Begriff. München

Hentschel, M. (2008): Grafische Visualisierung beim Lernen. Saarbrücken

Hertlein, M. (2003a): Präsentieren – vom Text zum Bild. 2., überarb. Aufl. Reinbek bei Hamburg

Hertlein, M. (2003b) Mind Mapping. Die kreative Arbeitstechnik. 2., überarb. Aufl. Reinbek bei Hamburg

Heßler, M./Mersch, D. (2009): Bildlogik oder Was heißt visuelles Denken? In: Dies. (Hg.) (2009): Logik des Bildlichen. Zur Kritik der ikonischen Vernunft. Bielefeld, S. 8–49

Hilgard, E.R./Bower, G.H. (1973): Theorien des Lernens I. Stuttgart

Huber, H.D./Lockemann, B./Scheibel, M. (2002): Bild/Medien/Wissen: Visuelle Kompetenz im Medienzeitalter. München

Hütter, H./Degener, M. (2003): Praxishandbuch Power-Point-Präsentation. Offenbach

Issing, L.J./Klimsa, P. (Hg.) (2002): Information und Lernen mit Multimedia. 3., überarb. Aufl. Weinheim

Jüttner, M. (2003): Visuelles Lernen – Erwerb und Anwenden bildkategorialen Wissens. Lengerich

Jung, C.G. (1938): Gesammelte Werke. Zürich

Jung, C.G. (1984): Grundsätze der praktischen Psychotherapie. Gesammelte Werke, Bd. 16. 4. Aufl. Olten

Katz, D. (1969): Gestaltpsychologie. Basel/Stuttgart

Koestler, A. (1966): Der göttliche Funke. Der schöpferische Akt in Kunst und Wissenschaft. Bern/München/Wien

Kolb, D.A. (1984): Experiential Learning: Experience as the Source of Learning and Development. Englewood Cliffs

Kolb, D.A./Smith, D.M. (1986): The User's Guide for the Learning-Style Inventory: A Manual for Teachers and Trainers. Boston

Krempel, L. (2005): Visualisierung komplexer Strukturen. Frankfurt a.M.

Krisztian, G./Schlempp-Ülker, N. (2006): Ideen visualisieren. 4., überarb. Aufl. Mainz

Lenzen, A. (2006): Präsentieren – Moderieren. 2., überarb. Aufl. Berlin

Lipp, U./Will, H. (2008): Das große Workshop-Buch. Weinheim/Basel

Looß, M. (2001): Lerntypen? Ein pädagogisches Konstrukt auf dem Prüfstand. In: Die Deutsche Schule, H. 2, S. 186–198

Mattes, W. (2002): Methoden für den Unterricht. 75 kompakte Übersichten für Lehrende und Lernende. Paderborn

Merleau-Ponty, M. (1966): Phänomenologie der Wahrnehmung. Berlin

Meyer, E./Widmann, S. (2006): Flipchart Art – Ideen für Trainer, Berater und Moderatoren. Erlangen

Meyer, J.A. (1999): Visualisierung von Informationen. Wiesbaden

Ministerium für Schule und Weiterbildung des Landes Nordrhein-Westfalen (Hg.) (2007): Methodensammlung. Anregungen und Beispiele für die Moderation. Soest

Mielke, R. (2001): Psychologie des Lernens. Eine Einführung. Stuttgart

Nänni, J. (2008): Visuelle Wahrnehmung. Sulgen/Zürich

Nistor, N./Schäfer, M. (2005): Lernen mit Stil: Empirische Befunde und offene Fragestellungen zur Bedeutung der Lernstile in virtuellen Seminaren. URL: www.didacticageografiei.ro/ro/conferinta_2005/4.doc (Stand: 29.03.2007)

Nortmann, U./Wagner, C. (Hg.) (2010): In Bildern denken? Paderborn

Nückles, M. u.a. (2004): Mind Maps & Concept Maps. München

Perls, F.S. (1976): Grundlagen der Gestalt-Therapie. München

Pricken, M. (2003): Visuelle Kreativität. Mainz

Quitmann, H. (1991): Humanistische Psychologie. Göttingen

Reich, K. (2002): Systemisch-konstruktivistische Pädagogik. Neuwied

Reich, K. (2004): Konstruktivistische Didaktik. München/Unterschleißheim

Roam, D. (2009): Auf der Serviette erklärt. München

Rogers, C.R. (2000): Die klientenzentrierte Gesprächspsychotherapie. Frankfurt a.M.

Rohr, D. (2004): Das Systemisch-Humanistische Konzept AID: Analysen Innerer Dialoge. Ein interdisziplinärer Beitrag zur Erforschung intra- und interpersonaler Kommunikation in schwierigen Situationen. Köln

Rohr, D. u.a. (2010): Zwischenbericht des Modellkollegs Bildungswissenschaften. URL: www.hf.uni-koeln.de/33111 (Stand: 30.04.2011)

Rohr, D./Wiechmann, J. (in Vorbereitung): Kollegiale Praxisberatung

Sachs-Hombach, K (2004): Bildwissenschaft als interdisziplinäres Unternehmen. Magdeburg. URL: http://hsozkult.geschichte.hu-berlin.de/forum/id=372&type=diskussionen (Stand: 20.05.2011)

Saum-Aldehoff, T. (2010): Der Mythos vom „typengerechten Lernen“. Psychologie Heute. URL: www.psychologie-heute.de/news_emotion_kognition/der_mythos_vom_typengerechten_lernen__100106.html (Stand: 31.03.2011)

Schmeer, G. (2006): Die Resonanzbildmethode – Visuelles Lernen in der Gruppe. Selbsterfahrung – Team – Organisation. Stuttgart

Schnelle-Cölln, T. (1983): Visualisierung – die optische Sprache der Moderation. Quickborn

Schnelle-Cölln, T. (2001): Visualisierung in der Moderation. Hamburg

Schönhammer, R. (2009): Einführung in die Wahrnehmungspsychologie. Wien

Schulmeister, R. (2004): Diversität von Studierenden und die Konsequenzen für eLearning. In: Carstensen, D./Barrios, B. (Hg): Campus 2004. Kommen die digitalen Medien in die Jahre? Münster/New York, S. 133–144

Schulz von Thun, F. (1988): Miteinander reden: Störungen und Klärungen. Reinbek bei Hamburg

Schumann, H./Müller, W. (2000): Visualisierung – Grundlagen und allgemeine Methoden. Berlin

Seifert, J.W. (2005): Visualisieren, Präsentieren, Moderieren. 22., überarb. Aufl. Offenbach

Sperling, G.A. (1960): The Information Available in Brief Visual Presentation. Psychological Monographs, H. 11, S. 1–29

Stangl, W (2005): Lernstile – was ist dran? Linz. URL: http://arbeitsblaetter.stangl-taller.at/PUBLIKATIONEN/Lernstile.shtml (Stand: 31.03.2011)

Stary, J. (1997): Visualisieren: Ein Studien- und Praxisbuch. Berlin

Stelzer-Rothe, T. (2002): Vorträge halten. Berlin

Stephan, U. (2009): Menschen grafisch visualisieren. Paderborn

Straka, G.A./Macke, G. (2006): Lern-Lehr-Theoretische Didaktik. Münster

Strauch, A./Jütten, S./Mania, E. (2009): Kompetenzentwicklung in der Weiterbildung. Bielefeld

Teigeler, P. (1968): Verständlichkeit und Wirksamkeit von Sprache und Text. Stuttgart

Thiele, A. (2000): Innovativ Präsentieren. Frankfurt a.M.

Wehr, G. (1995): Selbsterfahrung mit C.G. Jung. Freiburg

Wenninger, G./Eigenstetter, M. (2003): Inhalte anschaulich machen – Leitfaden für das Präsentieren und Moderieren. Heidelberg

Wigan, M. (2006): Visuelles Denken. München

Winteler, A. (2004): Professionell lehren und lernen. Darmstadt

Zimbardo, P.G. (1992): Psychologie. 5., überarb. Aufl. Berlin

Zimmermann, E. (2007): Visuelle Vorstellungsfähigkeit. Saarbrücken

Links

http://methodenpool.uni-koeln.de/index.html

(Link zum konstruktiven Methodenpool von Prof. Dr. Kersten Reich, Universität zu Köln) Sammlung von verschiedenen konstruktiven und systemischen Methoden. Mit Download-Option.

http://www.uni-koeln.de/hf/konstrukt/start.html

Einführung in das Thema des interaktionistischen Konstruktivismus von Prof. Dr. Kersten Reich, Universität zu Köln. Verschiedene Artikel/Texte zum Download.

http://arbeitsblaetter.stangl-taller.at/LERNEN/Lerntypen.shtml

Kritik an der Lerntypentheorie von Werner Stangl (Assistenzprofessor am Institut für Psychologie und Pädagogik an der Sozial- und Wirtschaftswissenschaftlichen Fakultät der Johannes-Kepler-Universität Linz).

http://www.sowi-online.de/methoden/methoden-ol.htm

Überblick über verschiedene Methoden, zum Teil mit Beispielen aus der Praxis.

http://www.standardsicherung.schulministerium.nrw.de/methodensammlung/

Methodensammlung des Schulministeriums NRW. Methodensuche nach Seminar-/Unterrichtsphase oder Sozialform möglich.

http://www.bpb.de/methodik/5JRHMH,0,0,Methodensuche.html

Methodenkoffer der Bundeszentrale für politische Bildung. Mit Suchfunktion (Suchwort oder Methodentyp).

(alle Stand per 12.05.2011)

Abbildungen, Tabellen und Checklisten

Abbildungen

Tabellen

Checklisten

Autorenporträts

Alexandra Bergedick ist seit 2010 als wissenschaftliche Mitarbeiterin am Zentrum für Hochschuldidaktik der Universität zu Köln tätig. Seit zehn Jahren ist sie Englisch-Trainerin in der Erwachsenenbildung. Zu ihren Schwerpunkten gehören hochschuldidaktische Forschung und Lehre, Didaktik der Erwachsenenbildung, E-Learning und Blended Learning, Beratung und Hospitation.

Kontakt: Alexandra.Bergedick@uni-koeln.de

Dr. Dirk Rohr ist seit 2001 wissenschaftlicher Mitarbeiter an der Universität zu Köln. Er ist Leiter des Zentrums für Hochschuldidaktik und des Praktikumzentrums (Humanwissenschaftliche Fakultät) sowie Geschäftsführer des Modellkollegs Bildungswissenschaften. Darüber hinaus ist er Gestalttherapeut und Supervisor. Seine Schwerpunkte im Bereich Forschung und Lehre sind neben der Hochschuldidaktik und der Theorie-Praxis-Verzahnung Beratung und Supervision.

Kontakt: Dirk.Rohr@uni-koeln.de

Anja Wegener ist und seit 2010 als wissenschaftliche Mitarbeiterin im Zentrum für Hochschuldidaktik der Universität zu Köln beschäftigt. Zu ihren Arbeitsschwerpunkten gehören hochschuldidaktische Forschung und Lehre, Qualitätsmanagement in hochschuldidaktischen Einrichtungen, kollegiale Beratung sowie Blended Learning.

Kontakt: Anja.Wegener@uni-koeln.de